Foreign Language Teaching and Research

外语教学与语言研究

Foreign Language Teaching and Research

骆 洪·主 编
王文俊 刘春燕·副主编

重庆大学出版社

图书在版编目(CIP)数据

外语教学与语言研究 / 骆洪主编. -- 重庆 : 重庆大学出版社, 2019.12

ISBN 978-7-5689-1940-1

Ⅰ. ①外… Ⅱ. ①骆… Ⅲ. ①外语教学—教学研究—文集 Ⅳ. ①H09-53

中国版本图书馆 CIP 数据核字(2019)第 278804 号

外语教学与语言研究

WAIYU JIAOXUE YU YUYAN YANJIU

骆 洪 主 编

责任编辑:安 娜 版式设计:安 娜

责任校对:谢 芳 责任印制:赵 晟

*

重庆大学出版社出版发行

出版人:饶帮华

社址:重庆市沙坪坝区大学城西路 21 号

邮编:401331

电话:(023) 88617190 88617185(中小学)

传真:(023) 88617186 88617166

网址:http://www.cqup.com.cn

邮箱:fxk@cqup.com.cn (营销中心)

全国新华书店经销

POD:重庆新生代彩印技术有限公司

*

开本:787mm×1092mm 1/16 印张:10.75 字数:243 千

2019 年 12 月第 1 版 2019 年 12 月第 1 次印刷

ISBN 978-7-5689-1940-1 定价:56.00 元

前 言

教学与科研联动是新时代高校外语教师教育发展的要求。相关研究表明,重视研究的教师,其教学成效通常比只关注教学实践的教师要好得多。2018 年 1 月 30 日,教育部颁布了《高等学校外语类专业本科教学质量国家标准》(以下简称《国标》),对教师的素质做了规定,其中要求教师应具有"教学反思和改革能力"和"明确的研究方向和研究能力",并强调教师发展的重要性。

云南大学外国语学院一贯坚持教师要做到教学与研究平行发展,以学术研究促进人才培养,使教师成为教学与研究双优型的语言类教育工作者。本书的问世正是这一思想的体现,旨在实现"研以促教、研以促学"的教师发展路径。

《外语教学与语言研究》是一部以语言教学策略、教学实证研究、教学理论实践、语言学等为特色的论文集,汇集云南大学外国语学院英语系、法语系、日语系、泰语系、越语系、德语教研室和研究生公共外语教研室的学术力量编写而成,共收录论文 19 篇。本书具有以下主要特点:

第一,体现了学院教师教学与科研联动意识的深化。本书的文章从教学实践出发,是教师探索教学理论、反思教学活动的结果,也是学院教师主动适应高等教育发展的新形势,更是提高教学能力和科研能力的体现。

第二,突出了学院各专业教学与科研的特色。本书以语言教学和语言研究为特色,涉及英语、法语、日语、德语、泰语、越南语等语种,内容涵盖课程设置与改革、课堂环境的构建、教学方法的使用、课堂互动模式的实践、学习者的研究、语言习得、语料库、话语分析、语言现象对比、语言政策等。

第三,体现了学院为增强教师队伍的实力所做的努力。本书的作者来自各语种系/室,职称和年龄分布合理。大量的青年教师不断通过教学提高科研能力,从整体提高和长远发展看,这种形式有利于学院的师资队伍建设,也有利于教师个体和群体的发展。既有助于实现团队的共同发展,又有助于个人自我价值的提升。

第四,凸显了学院在学校发展和教师发展之间发挥的作用。学院是教师发展的主要平台。本书从侧面反映了学院通过各种形式保障教师的专业发展和教学发展的不懈努力,使得教师发展与学校发展得到了有效的结合。

《外语教学与语言研究》的出版得到了学院的鼎力支持和相关教师的积极配合,体现了学院教师齐心协力推进教学改革的“一盘棋”思想。

由于论文基于教学实践,很多方面的结论属于教师自身对教学的思考,可能会有一些地方还有待进一步深化或不断完善。然而,这也是外语教学研究不断变化和发展的需求所在。加之作者水平有限,处于不断学习和提升阶段,本书中一定有不尽如人意之处,敬请广大读者批评、指正,多提宝贵意见。

编　者

2019 年 8 月

目 录

对综合性大学英语专业课程设置的思考

徐志英[①]

摘　要：本文回顾了中华人民共和国成立以来我国综合性大学英语专业的课程设置，分析了不同时期的课程设置模式所体现的专业内涵，结合《国标》的指导思想，探讨了综合性大学英语专业人才培养应凸显的特点，针对综合性大学英语专业课程设置进行了思考，希望对综合性大学英语专业的课程设置及课程建设有所启发。

关键词：综合性大学；英语专业；课程设置

1. 引　言

高校的专业课程体系是在一定教育理念的指导下，根据各专业的培养目标和规格而设置的，它既是一个专业内涵的体现形式，是其培养目标和规格的依托和载体，也是保障和提高教育教学质量的关键。综合性大学的英语专业是我国高等教育教学的一个重要组成部分，中华人民共和国成立以来，我国综合性大学英语专业的课程设置经历了“从零散到系统、从简单到多元的发展历程，同时也伴随着人文教育和语言技能训练的互相博弈”（蒋洪新 等，2017：5）。本文将通过回顾中华人民共和国成立以来不同时段我国综合性大学英语专业的课程设置情况，分析其特点及其所体现的专业内涵，结合《国标》的指导思想，探讨综合性大学英语专业人才培养应凸显的特点，并针对综合性大学英语专业课程设置进行了思考。

2. 从中华人民共和国成立到 20 世纪 80 年代中期的课程设置

从中华人民共和国成立到 20 世纪 80 年代中期，综合性大学英语人才培养侧重于“文学

---

① 徐志英，云南大学外国语学院教授，研究方向：美国文学、翻译、外语教学。

研究、翻译研究人员和高校师资”，这一阶段的人才培养模式基本上是“按照英语语言文学专业的传统模式”来做的（戴炜栋，2008：72），体现了明显的人文教育特色。

中华人民共和国成立之初，外语院系的名称一般为“外国（英国）语言文学系”，所设置的课程“偏重文学，尤其是欧美文学”，旨在提高学生欣赏欧美文学作品的能力。1950 年 9 月，教育部颁布了“高等学校文、法、理、工学院的课程草案”，各高校依此草案来组织教学、开设课程、编写教材。根据此课程草案，外国语文系的培养目标是“培养学生熟练运用和翻译外国语文的能力，使其成为翻译干部、外语师资及研究外国文学的人才”（李良佑 等，1988：371）。除公共必修课外，支撑这一培养目标的专业必修课程分为“外语基础”“译作习作”“国语实习”“文艺文选读”“理论文选读”和“文艺理论批评”六类，选修课包括世界史、世界文学史、中国文学史、中国新文学史、新闻学、速记术、外国语教学法、语音学、第二外国语等。“外语基础”包括“基础读物、文法、默写、练习”，其中基础读物涉及各种文体和各种科学读物，旨在“培养学生阅读及理解外国语文”的能力。“译作习作”有“普通翻译、普通作文、函件及公文程式、新闻写作等”，旨在培养学生“中外互译及用外国语写作”的能力。“国语实习”包括“会话、口译、演讲”，旨在培养学生用“国语表达”的能力。“文艺文选读”旨在“通过文字优美、内容充实”的“小说选读、戏剧选读、诗歌选读”来提高学生的“语言文字”修养。“理论文选读”分“社会科学名著选读、自然科学名著选读、时事论文选读”，旨在培养学生“掌握外国语理论”的能力。“文艺理论批评”涵盖“文艺学”和“国别文学史”（李良佑 等，1988：370-372）。

1961 年 4 月，中共中央宣传部召开了“高等学校文科教材编选计划会议”，会上讨论和制订了一份“五年制的英国语言文学专业教学方案”，据此方案，英语专业培养的是“英语和英美文学的教学、研究人才及其他英语工作者”（李良佑 等，1988：373）。课程设置包括“共同政治理论课”（约占上课总时数的 15%）、“专业课”（约占上课总时数的 80%）和“体育课”。专业课分为“共同课”和“选修课”，其中，“共同课”包括“英语、文学概论、语言学概论、英语语言理论（英语语音学、词汇学、语法、修辞）”“汉语”“英美历史和概况”“中国文学史”“欧洲文学史”“英美文学史”“英美文学作品选读”和“第二外国语”，选修课分“语言专题研究”和“文学专题研究”（李良佑 等，1988：373-375）。

1978 年 8 月，教育部召开了全国外语教育座谈会。会后，落实了英语专业教学计划的制订工作。1979 年 4 月，国家教委同时下达了《综合大学英国语言文学专业四年制教学计划（试行草案）》《外语学院英语专业四年制教学计划（试行草案）》和《高等师范院校英语专业四年制教学计划（试行草案）》（李良佑 等，1988：377；李传松 等，2006：300；戴炜栋，2008：149-150）。这是“在总结以往 30 年来高校英语专业教学正反两方面经验教训基础上，结合全国外语教育座谈会精神制定而成的”，对高校英语专业的培养目标、培养规格、课程设置等都做了详细的说明和规定，“可以说是建国以来第一份比较完整、比较切合实际的统一的英语专业教学计划”（李良佑 等，1988：377；戴炜栋，2008：150）。这三份教学计划从名称上就有所区别,综合性大学用的是“英国语言文学专业”,凸显了综合性大学英语专业的人文特质,而另外两类院校用的是“英语专业”。就培养目标而言,综合性大学的培养目标是“德智体全面发展的英语语言文学研究人员、教师、其他英语工作者”,外语学院的培养目标是“德智体全面发展的英语翻译、教师、其他英语工作者”,高等师范院校的培养目标是“德智体全面发展的英语教师”(李良佑 等,1988:377;戴炜栋,2008:150),“突出了不同类型的院校培养不同类型的人才”,对学生能力培养的侧重点也不同(戴炜栋,2008:162)。相比之下,“综合性大学更突出了英美语言文学研究人员培养的目标”(戴炜栋,2008:119)。在课程设置上,三份教学计划既有共核,也有差异,对比如下:

表1　必修课及学时

课程 \ 学时 \ 学校		综合性大学	外语院校	高等师范院校
公共必修	时事政治学习	288	288	288
	中共党史	72	72	72
	哲学	72	72	72
	政治经济学	72	72	72
	汉语及习作	108	108	72
	体育	144	144	144
专业必修	英语实践课	1 512	1 152	1 470
	第二外语	216	144	152
	英美文学史与文学选读	180	144	87
	翻译	72	144	58
	英美历史与概况	72	72	72
	英语实用语法	36	72	72
	科技英语	/	72	/
	英语教学法	/	/	72
	教育学	/	/	36
	心理学	/	/	36
	英语实用语音	/	/	36

(参见李良佑 等,1988:378-381;李传松 等,2006:309-316;戴炜栋,2008:73-74)

表 2　选修课及学时

学校 / 学时 / 课程	综合性大学	外语院校	高等师范院校
欧洲文学史	108	72	/
中国文学史	108	/	/
中国通史	72	72	/
文学概论	72	36	/
英语语音学	72	36	36
英语词汇学	72	36	36
语言学概论	54	36	36
当代英美文学	36	72	/
英语散文及小说选读	36	72	/
英语语言史	36	/	/
应用语言学及英语教学法	36	36	/
英语诗歌及戏剧选读	/	72	/
世界文学名著选读	/	72	/
英语文体学	/	72	/
英语修辞学	/	72	/
英语应用文	/	72	/
世界通史	/	72	/
世界地理	/	36	/
国际关系史	/	36	/
英语语法学	/	/	72
英美文学史	/	/	72
逻辑学	/	/	36
科技英语	/	/	36

（参见李良佑 等，1988：379；戴炜栋，2008：74-75）

从表 1 和表 2 中可见，虽然三份教学计划的课程设置都涉及文、史、哲，以语言文学为主，体现了“单一的语言教学体制”（李良佑 等，1988：383；戴炜栋，2008：75），但综合性大学英语专业明显比外语院校和高等师范院校的英语专业“要多开设文学史和文学选读等方面的课程”（戴炜栋，2008：119），如：英美文学史与文学选读（综合性大学 180 学时、外语院校

144 学时、高等师范院校 87 学时)、欧洲文学史(综合性大学 108 学时、外语院校 72 学时、高等师范院校不设置)、中国文学史(综合性大学 108 学时、外语院校和高等师范院校均不设置)、文学概论(综合性大学 72 学时、外语院校 36 学时、高等师范院校不设置),无论是在必修还是选修课中,科技英语都没有被纳入综合性大学的课程计划中。

从 20 世纪 80 年代起,为满足社会对英语人才多元化的需求,英语专业人才培养模式进入变革与创新阶段,综合性大学也不例外。在课程设置上,主要体现在增加了选修课的比重,旨在发展学生的个人爱好和才能,拓展其知识面。各院校也根据自己的资源优势和社会需求,调整了课程设置。综合性大学增设的课程仍以语言文学课为主,只是更细、更全,如北京大学开设的英国散文选读、英国小说选读、英国诗歌选读、英国戏剧选读、20 世纪英美短篇小说选读、17 世纪前英国作家作品研究、18 世纪英国作家作品研究、19 世纪英国作家作品研究、20 世纪英国作家作品研究、美国作家作品研究、美国戏剧、西方名著选读、西方文艺批评史、西方哲学史、美学、逻辑学、英美文学批评、英国历史、美国历史、英美概况、英语的结构和历史、语言学基础、应用语言学、社会语言学、心理语言学、词汇学、语义学等,南京大学开设的英国当代小说、美国当代小说、英美当代诗歌、英美当代戏剧、莎士比亚、狄更斯、萧伯纳、加拿大文学、澳大利亚文学、欧洲文学史、欧洲文学断代史、现代英语词汇学、英语词汇学专题研究、英语语音学专题研究、英语语法学专题研究等(李良佑 等,1988:384-388;戴炜栋,2008:76-77)。

3.20 世纪 80 年代末以来的课程设置

1989 年颁布的《高等学校英语专业基础阶段英语教学大纲》(简称《基础阶段大纲》)和 1990 年颁布的《高等学校英语专业高年级英语教学大纲》(简称《高年级大纲》)是全国统一的大纲,不再区分高校类别,也没按类别设置专门课程(常俊跃,2018:62),基础阶段的教学目标是"传授英语基础知识,对学生进行全面的、严格的基本技能训练,培养学生实际应用语言的能力,培养学生良好的学习作风和正确的学习方法,培养学生的逻辑思维能力和独立工作能力,丰富学生的社会文化知识,增强学生对文化差异的敏感性,为学生升入高年级打好扎实基础"(李良佑 等,1988:408;李传松 等,2006:327)。基础阶段的课程突出语言技能训练,但只要有利于达到其规定的教学要求,原则上"课程设置不强求一律,各校可根据自己的培养目标和具体条件开设相应的课程"(李良佑 等,1988:402-414)。其课程设置如表 3 所示。

表 3　基础阶段课程设置

学时＼科目 年级	综合英语	阅读	听说	写作	语音	语法	其他
一上	6 ~ 8	2	3 ~ 4	/	1	/	视、听、英美概况、欧美文化等
一下	6 ~ 8	2	3 ~ 4	/	1	/	
二上	6	2 ~ 3	2	1 ~ 2	/	1 ~ 2	
二下	6	2 ~ 3	2	1 ~ 2	/	1	

（参见李良佑 等，1988：415；李传松 等，2006：334）

高年级阶段的教学目标和要求是“使学生较系统地了解文学文体的典型特点，增强对英语的理解，提高恰当运用英语的交际能力；使学生学会从一段文字的表面形式入手，分析出它的内涵，初步掌握语言描述和比较的方法；使学生初步掌握文学作品中不同载体的语言特点，提高辨识作者创造性运用语言的能力，提高理解和欣赏文学作品的能力”（李良佑 等，1988：422）。其课程设置如下：

表 4　高年级阶段课程设置

必修课			选修课		
课程类型	周学时	学　期	课程类型	周学时	学　期
阅读课	2 ~ 4	2 ~ 4	英美历史	2	1 ~ 2
写作课	2	2 ~ 4	报刊选读	2	1 ~ 2
翻译课	2	2 ~ 4	欧洲文化入门	2	1 ~ 2
文学课	2 ~ 4	2 ~ 4	词汇学	2	1
英语语言学基础	2	1 ~ 2	文体学	2	1 ~ 2
			语音学	2	1
			语法学	2	1

（参见李良佑 等，1988：419；李传松 等，2006：355-356）

《基础阶段大纲》和《高年级大纲》在规范高校英语专业教学、课程设置等方面发挥了重要作用，它们在“很大意义上沿袭了重英语知识和基本英语技能训练的外语教育和思维模式”（戴炜栋，2008：156），但基础阶段只顾及了“语言基本技能训练与基础知识传授方面的课程”，没有设置专业知识课程，高年级阶段仍然对专业知识课程开设不足（常俊跃，2018：62），而且，与中华人民共和国成立以来到 20 世纪 80 年代中期我国综合性大学英语专业的课程设置相比，在这两个大纲中文学课程已被大大削减，只占高年级必修课的五分之一。

2000 版《高等学校英语专业英语教学大纲》（以下简称《2000 版大纲》）是首个指导 21 世纪“英语专业课程建设的文件”（常俊跃，2018：62）。与前两个大纲相比，《2000 版大纲》“是一个统一连续的整体，不再分成基础阶段和高年级阶段两个大纲”（戴炜栋，2008：158）。它“强调本科教学的连贯性和整体性”“明确了 21 世纪英语专业的培养目标”，正式提出和确认了英语专业培养复合型人才的任务（胡文仲，2008：22；戴炜栋，2008：159），把英语专业的课程设置分为英语专业技能课程、英语专业知识课程和相关专业知识课程三大模块，提出了英语专业 4 年的专业课程总学时数、学时分配和各类课程的参考比例，并在附录中对一些主要课程的要求与教学方法都有简要的描述，以供参考。其课程设置如下：

表 5

<table>
<tr><th colspan="2">课程类型</th><th>课程名称</th><th>备　注</th></tr>
<tr><td rowspan="2">专业技能
占总学时的 67%</td><td>必修课</td><td>基础英语、高级英语、语音、听力、口语、阅读、写作、语法、口译、笔译</td><td rowspan="5">1. 各校可以根据具体情况对专业技能课、专业知识课和相关专业知识课进行调整，确定教学时数、开设时间和教学内容
2. 建议专业技能课程安排 65% 左右的学时；专业知识课程安排 15% 左右的学时；相关专业知识课程安排 20% 左右的学时</td></tr>
<tr><td>选修课</td><td>视听说、应用文写作、外国报刊选读、网上阅读</td></tr>
<tr><td rowspan="2">专业知识
占总学时的 15%</td><td>必修课</td><td>语言学导论、英国文学、美国文学、学术论文写作、英语国家概况</td></tr>
<tr><td>选修课</td><td>英国社会与文化、美国社会与文化、西方文化入门、英美文学史、英语小说选读、英语散文选读、英语戏剧选读、英语诗歌选读、英语语音学、英语词汇学、英语语法学、英语教学法、英语文体学、修辞学……</td></tr>
<tr><td>相关专业知识
占总学时的 18%</td><td>选修课</td><td>外交学导论、国际关系概况、西方政治制度、国际法入门、语言学习理论、英语测试、英语教育史、中国文化概论、传播学概论、英语新闻写作、国际贸易实务、国际商业概论、经济学概论、国际金融概论、涉外企业管理概论、统计学入门、世界科技发展史、英美军事史、计算机应用……</td></tr>
</table>

（参见高等学校外国语言文学类专业教学指导委员会英语组，2000）

根据《2000 版大纲》，在本科四年中，主要的学时是用于语言技能课程（67%），用于专业知识课程的学时最少（15%），比用于相关专业知识课程的学时（18%）还要少。而英、美文学只是五门专业知识必修课程中的两门。虽然在备注里建议各高校可根据具体情况作相应的调整，也只是建议稍微削减专业技能课的学时（67%→65%）来提高相关专业知识的学时（18%→20%）。《2000 版大纲》中语言技能训练课程过多，专业知识课程过少，而且缺乏系统性，语言教学与内容教学割裂，课程建设理念也有待更新（常俊跃，2013：13-14）。它的公布使得人们“对于英语专业的发展方向更加担心”（胡文仲，2008：22）。“担心实施英语专业复合型人才的培养，很可能会在总体上削弱常规英语专业较强的人文倾向，模糊了专业界限”(戴炜栋、张雪梅,2007:4)。一个专业的内涵由这个专业的课程体系来体现,在这样的课程体系中,英语专业的学科内涵被淡化了(徐志英,2015:36)。

2012 年印发的《普通高等学校本科专业目录和专业介绍》中有关英语专业规范的介绍(以下简称《2012 英专规范》)提出了要培养“具有较高人文素养、熟练的英语语言技能、厚实的英语语言文学专业知识和其他相关专业知识”的“英语专业人才”(高教司,2012:89),把提高人文素养放到了首位,“在英语专业中凸显人文素养的重要性”“反映了对英语专业知识教学的重视”,和“对实现广博文化知识目标难度的现实思考”(常俊跃 等,2013:934)。其课程设置如下:

表 6

课程类别	规定的课程	学时比例
英语专业技能课程	基础英语、高级英语、语音、听力、口语、阅读、写作、口译、笔译,等等	此类课程的学时应不低于专业教育课程学时总量的 40%
英语专业知识课程	语言学导论、英语语音学、英语词汇学、英语文体学、报刊选读、英国文学选读、美国文学选读、学术论文写作、英语国家社会与文化、英语教学法、翻译理论与实践,等等	此类课程的学时应不低于专业教育课程学时总量的 35%

(参见常俊跃,2018:62)

《2012 英专规范》没有再提及对相关专业知识课程的规定,只规定了两类专业教育核心课程,即英语专业技能课程和英语专业知识课程,并把英语专业技能课占专业教育课程学时的比例从 67% 降低到了 40%,而专业知识课程由原来的 15% 增加到了 35%。专业知识课程学时的增加“有助于学生系统地学习专业知识,完善学生的专业知识结构,进而提升学生的专业修养”(常俊跃,2018:62)。但《2012 英专规范》与《2000 版大纲》一样,都把英语专业技能课程和英语专业知识课程割裂开,并规定了两类课程的名称和比例,这种做法“极大地限制专业课程的开设”(常俊跃 等,2013:938)。“英语基础课程和技能课程,不能为基础而基础、为技能而技能,学习内容应当与其他两类的课程交叉”(蓝仁哲,2009:8)。文学课在整个课程设置中所占比例仍然很少,仅凭两门核心文学课程(英国文学选读和美国文学选读)难以实现“厚实的”文学知识培养目标(常俊跃 等,2013:935)。

4.《国标》的课程设置

《高等学校英语专业本科教学质量国家标准》是外语专业教学指导委员会英语分指导委员会(以下简称“英指委”)根据《高等学校外语专业本科教学质量国家标准》的指导思想制定的。英指委在这次的国标研制中,将传统的英语专业细分成英语、商务英语和翻译三个专业,统称为英语类专业。三个英语类专业的培养目标和具体课程设置各有不同。英语专业主要以英语语言、英语文学和英语国家的社会文化等为学习和研究对象，其定位传承和坚持专业的传统内涵，坚持以语言文学作为专业的本体，注重思辨和研究能力培养，“强调厚基础、宽人文的人才培养理念”（王立非 等，2015:3），“突出了学科属性”和“回归人文特质明显的英语专业特色”（彭青龙，2016:112），“强调人文学科的意义在于英语不应简单作为语言工具”（蒋洪新，2014:459）。

《国标》在课程设置上注重内容依托，以便在进行专业语言技能教学的同时，回归人文传统和本位（蒋洪新 等，2017:5）。其课程体系“旨在构建一个动态、多元的系统，具有拓展性、开放性、人文性、创新性、教育性等突出特征”（王俊菊，2015:128）。其课程设置如下：

表 7

课程类型	开设课程	
公共课程 25% ~30%	学校	思政、信息技术、体育、军事、人文与社会科学、自然科学
	院/系	方法论、思辨课程、二外等
专业核心课程 20% ~40%	听说读写译、二外	
	英语文学、英语国家社会与文化	
专业方向课程 20% ~30%	文学、语言学、社会文化、翻译、英语教育等主要专业方向的知识课程	
	研究方向课程	
	学校特色课程	
实践环节 15%	专业见习实践	
	课外实践教学	
	社会实践活动	
	国际交流	
毕业论文（设计）3%	学术论文、翻译作品、项目报告、创意写作等	

（参见蒋洪新，2014:460；王巍巍、仲伟合，2017:3）

在这一课程体系中，专业课程由核心课程和方向课程组成，避免了专业技能课程与专业知识课程的分离，为内容依托型课程的设计奠定了框架基础。专业课程的设置突出人文特色，保证了英语专业课程体系的完整性，强调综合素养与专业技能相结合。与其他课程体系相比，《国标》增加了对实践环节和毕业论文（设计）的规定和模块细化，理论课程与实践环节相结合，课程的模块化设计，为各校根据自身优势和特色，在模块框架内开设专业的课程提供了空间，突出国家标准与学校特色相结合的特点。

5. 对《国标》指导下综合性大学英语专业课程设置的思考

在综合性大学里，许多专业的设置都不具备明显的职业针对性。这些专业每年只有少数的毕业生会继续在本领域从事教学和科研工作，其余绝大部分学生在参加工作后，都需要重新学习与所从事的具体工作相关的知识，并在实践中不断学习，充实和更新自己的知识结构，以提高自身的业务素质和能力。他们在大学里接受的不是职业培训，而是综合素质教育，大学教育让他们学会思考问题、分析问题、解决问题，使他们具有终身学习的能力（徐志英，2015：38）。在充分借鉴我国各时期综合性大学培养目标和课程设置利弊的基础上，综合性大学英语专业的人才培养应强调通识教育和人文教育，课程设置应该在《国标》课程体系的基础上，更加重视以下方面的课程。

加强人文通识教育课程。通识教育已经成为英语专业教育国家标准的核心要素（孙有中 等，2017：8），因为通识教育对一个人的生活历程和心智发展有着重要的影响。由于各高校的类别、历史积淀不同，各自的学科结构、学术传统和教学资源也各有不同，因此各高校的通识教育课程，既有共性，也各具特色。在综合性大学里，专业的课程设置一般都比较完整，许多院系之间可以相互沟通和补充，人文和社会文化环境处于优势地位。英语专业应充分利用这一优势资源，让学生跨系跨学科选修人文科学的课程，构成一个以通识教育为基础、通识教育与专业教育有机融合、“注重人文内涵”的英语专业课程体系，解决传统的“过分重视语言技能训练的课程体系导致学生在思想深度、知识结构和分析问题能力等方面不足”的问题（金利民，2010：176）。“经典阅读”是通识教育的常见课程类型之一，内容可涉及文学、文化、历史、哲学、宗教、区域与国别研究等领域。

加强系统的人文专业教育课程。在人文通识教育的基础上，综合性大学英语专业还应该加强系统的人文专业教育，专业课程体系应该以英美文学、文化、语言学、英语国家社会、区域与国别研究等方面为主。尽量压缩单纯的语言技能课程，让学生通过专业知识的学习来提高语言技能，“进入一种自然的、无意识的、潜移默化的英语思维状态”（杨达复，1995：27）。语言技能训练与专业知识课程的融合还能让学生将更多的学时用于系统的专业知识学习，以解决学生知识碎片化的问题。例如系统地阅读经典文学作品不仅“能激发学生的人文兴趣，培养和提高学生的人文精神境界”（蒋洪新，2004：147），还是提高学生英语语言能力的一个有效途径，而且“有些经典值得反复阅读，甚至需要烂熟于心，这样既有助于提高英语写作能力，又有利于扩大知识面，丰富自己的学养，一举数得”（黄源深，2014：38）。这样才能培养不仅“具有较好的英语语言知识和技能，而且还具有高度人文素养，对人类文化和世界文明有较深造诣的全面人才”（戴炜栋，2008：119）。

6. 结　语

作为我国高等教育教学的一个重要组成部分，综合性大学英语专业为国家培养了大批能适应社会发展需要的英语专业人才，而人才培养的一个核心要素就是课程设置。自中华人民共和国成立以来，综合性大学英语专业的课程设置在不同时期存在一些变化和不同，但总体上还是倾向于英语语言文学专业的传统模式，尤其是从中华人民共和国成立到20世纪80年代中期，文学类课程占主导地位，体现了浓厚的人文教育的特色。20世纪80年代末以来的课程设置中，文学课程已被大大削减，淡化了专业内涵。而《国标》在课程设置上又重新回归人文传统和本位。根据综合性大学的优势与特色，在充分借鉴我国各时期英语专业培养目标和课程设置利弊的基础上，综合性大学英语专业的课程设置应该凸显人文特色，把通识教育与专业教育有机融合，加强人文通识教育和系统的人文专业教育课程。

参考文献

常俊跃，2013. 英语专业“内容·语言”融合教学整体课程体系改革的教学效果分析[J]. 语言教育(1)：13-18.

常俊跃，2018. 对《国标》框架下外语院校英语专业课程设置的思考[J]. 外语教学(1)：60-64.

常俊跃，赵永青，赵秀艳，2013. 关于我国高校英语专业培养目标、培养要求和核心课程的思考[J]. 外语教学与研究(6)：933-940.

戴炜栋，2008. 高校外语专业教育发展报告(1978—2008)[M]. 上海：上海外语教育出版社.

戴炜栋，张雪梅，2007. 对我国英语专业本科教学的反思[J]. 外语界(4)：2-11.

高等学校外语专业教学指导委员会英语组，2000. 高等学校英语专业英语教学大纲[S]. 北京：外语教学与研究出版社.

高教司(中华人民共和国教育部高等教育司)，2012. 普通高等学校本科专业目录和专业介绍[Z]. 北京：高等教育出版社.

胡文仲，2008. 对于我国英语专业教学改革的回顾和再思考[J]. 外语界(5)：18-23.

黄源深，2014. 英语教师的语言基本功：一个亟待引起重视的问题[J]. 外语界(1)：35-39.

蒋洪新，2004. 大学的“通识教育”与英语专业复合型人才的培养[J]. 四川外语学院学报(6)：144-148.

蒋洪新，2014. 关于《英语专业本科教学质量国家标准》制订的几点思考[J]. 外语教学与研究(3)：456-462.

蒋洪新，谢敏敏，2017. 关于起草《高等学校英语专业教学大纲(新版)》的几点思考[J]. 外国语言与文化(1)：1-10.

金利民，2010. 注重人文内涵的英语专业课程体系改革[J]. 外语教学与研究(3)：176-183.

蓝仁哲，2009. 高校外语专业的学科属性与培养目标——关于外语专业改革与建设的思考[J]. 中国外语(6)：4-8.

李良佑，张日昇，刘犁，1988. 中国英语教学史[M]. 上海：上海外语教育出版社.

李传松，许宝发，2006. 中国近现代外语教育史[M]. 上海：上海外语教育出版社.

彭青龙，2016. 论《英语类专业本科教学质量国家标准》的特点及其与学校标准的关系[J]. 外语教学与研究(1)：109-117.

孙有中，唐锦兰，蔡静，2017. 英语专业人文通识教育混合教学模式研究[J]. 外语电化教学(1)：8-15.

王立非，葛海玲，2015. 我国英语类专业的素质、知识、能力共核及差异：国家标准解读[J]. 外语界(5)：2-9.

王俊菊，2015. 英语专业本科国家标准课程体系构想——历史沿革与现实思考[J]. 现代外语(1)：121-130.

王巍巍，仲伟合，2017. "国标"指导下的英语类专业课程改革与建设[J]. 外语界(3)：2-8.

徐志英，2015. 综合大学英语专业学科定位和核心课程体系建设的思考[J]. 外语与外语教学(3)：35-40.

杨达复，1995. 英语专业教学大纲：实施与思考[J]. 外语教学(3)：26-29.

谈越南语专业本科生研究性思维的培养
——以云南大学为例

于在照　张绍菊[①]

摘　要：根据云南大学的办学定位和本科生人才培养方案，为适应学生毕业后的工作需求，越南语本科生培养应加强研究性思维的训练，逐步养成创新精神和问题意识，不断提高创新能力和解决实际问题的能力，成为"厚基础、宽口径"的越南语专业复合型优秀人才。

关键词：越南语专业；本科生；研究性思维

1.引　言

在当今全球化、信息化的时代，学校教育不可能将所有知识和技能都传授给学生。因此，必须通过科学训练和教学实践，使学生具备研究性思维、自主学习的能力、更新知识的能力、解决问题的能力以及创新能力，以适应毕业后工作的需要。

"研究性思维"是学生在学校学习活动中以及毕业后面对新的领域时，充分发挥认识的能动作用，不断以新颖方式和多维角度的思维转化，来寻求获得新成果的思维活动。（李世海 等，2005：67）研究性思维是学生在大学阶段取得优异成绩的基础，更是毕业后研究新问题、解决复杂问题的必备条件。

为培养高水平复合型的越南语人才以适应学生毕业后的工作要求，根据云南大学的办学定位和办学目标、本科生人才培养目标和培养方案，越南语本科生应该在日常的专业学习中，不断加强研究性思维的训练，逐步养成探究精神和问题意识，不断提高创新能力，不断提高解决实际问题的能力，成为"厚基础、宽口径"的越南语复合型优秀人才。

本文从云南大学越南语专业本科生研究性思维培养的理论依据、现实要求、教学实践等三个方面，系统分析了云南大学越南语专业本科生研究性思维培养的问题。

---

① 于在照，云南大学外国语学院特聘教授，研究方向：越南文学、文化。
张绍菊，云南大学外国语学院讲师，研究方向：越南语语言学，越南文化。

2. 云南大学越南语专业本科生研究性思维培养的理论依据

在《云南大学章程》以及云南大学的其他文件中，云南大学确立了"立足祖国西南边疆、面向南亚东南亚的综合性、国际性、研究型世界一流大学"的办学定位，确立了"立一流目标，聚一流师资，创一流学术，育一流人才，着力推动学校实现科学发展"的办学目标。

云南大学遵循"立足边疆、服务云南、提升水平、办出特色"的办学思路，秉承"会泽百家、至公天下"的云大精神，践行"自尊、致知、正义、力行"的校训，围绕国家战略和云南发展需要，立一流目标，聚一流师资，创一流学术，育一流人才，着力推动学校实现科学发展、跨越发展、超常发展、和谐发展，努力建设中国一流、世界知名区域性高水平大学。

《云南大学章程》第一章第五条指出，云南大学推行人才强校、科研兴校和国际化战略，致力于建设大师云集、群英荟萃的人才高地，成为学术引领、科技创新的学术高地，成为云岭大地人才辈出的摇篮和引领先进文化的先锋，建成中国一流、世界知名区域性高水平大学。

面向未来，云南大学将继续秉承"会泽百家、至公天下"的云大精神，攻坚克难、锐意进取，不断提升人才培养、科学研究、社会服务、文化传承创新和国际交流合作能力，早日建设成为立足祖国西南边疆、面向南亚东南亚的综合性、国际性、研究型世界一流大学。

从以上可以看出，"研究型大学"是云南大学办学的总方针，这无疑也是云南大学越南语本科生进行研究性思维培养的理论依据。

关于人才培养目标，云南大学明确规定：学校坚持立德树人，全力推进协同育人、科研育人、实践育人和文化育人，构建知识、能力、人格三位一体的育人体系，围绕国家和区域经济社会发展需要，培养具有社会责任感、创新精神、实践能力和国际视野的拔尖创新人才。

关于越南语人才培养目标，云南大学也做出了明确的规定：越南语专业培养具备扎实的越南语听、说、读、写、译基本技能，掌握越南的政治、经济、外交、文化、文学等领域的相关知识，能用越南语从事外交、外贸、文化交流、教育、科研等工作，德才兼备、具有国际视野的复合型人才。

云南大学关于"培养具有社会责任感、创新精神、实践能力和国际视野的拔尖创新人才"的目标，为对越南语本科生进行研究性思维培养指明了方向。

越南语专业关于"能用越南语从事外交、外贸、文化交流、教育、科研等工作，德才兼备、具有国际视野的复合型人才"的目标，要求大力加强越南语本科生研究性思维的培养，加强"厚基础、宽口径"复合型创新人才的培养。

"研究型人才"和"复合型人才"是云南大学人才培养的总指向、总目标，是学校实施越南语本科教育的最终目的，也是对本科生进行研究性思维培养的依据所在。

综上所述，云南大学的办学定位和人才培养目标的核心，就是培养学生的创新能力、提高学生研究问题的能力。因此，研究性思维培养就成为越南语本科生培养的出发点，创新能力的培养就成为越南语本科生培养的落脚点和最终目的。

3. 云南大学越南语专业本科生研究性思维培养的现实要求

随着经济的发展，社会分工越来越细，人才需求领域日益多样化，人才需求标准越来越高。那些知识面宽广、具有解决复杂问题能力和创新能力的人才无疑成为就业市场的抢手人才。因此，社会对创新人才的需求就成为越南语专业本科生研究性思维培养和创新人才培养的现实要求。

2018 年达沃斯世界经济论坛（World Economic Forum）评估未来就业市场对人才需求的 10 项技能分别是：①复杂问题处理能力；②批判性思考能力；③创新、创造能力；④行政和人事管理能力；⑤高效的协调能力；⑥情绪智力技能（情商）；⑦评估与决策能力；⑧导向服务能力；⑨谈判技能；⑩灵活应变能力。“复杂问题处理能力”位列人才需求 10 项技能之首。由此观之，具备“复杂问题处理能力”的人才日益受到就业市场的青睐。

从外语方面的人才需求考察，当今时代是全球化、信息化的时代，社会对外语人才的知识结构和综合素质提出了更高的要求。过去单一外语型的人才显然已经不能适应当今信息化社会和国际交往的需求。只有具有坚实的外语功底、同时又通晓对象国政治、经济和文化等诸方面知识、具有解决实际问题能力的复合型人才才是社会所急需的。

从越南语方面的人才需求考察，越南语毕业生就业已呈现多领域、多行业、多样化的趋势。有的毕业生甚至完全脱离本专业，进入一个全新的行业。越南语专业毕业生只有具备坚实的越南语或英语基础、合理的知识构架以及较强的解决复杂问题的能力，才会在激烈的就业竞争中立于不败之地。

从毕业生的服务对象考察，云南大学毕业生的服务对象是云南省乃至全国。作为云南省唯一的一所双一流大学，云南大学有责任为云南省培养大量急需的优秀人才。云南省作为我国与东南亚交流的桥头堡，在与“一带一路”沿线国家的交往中具有独特的地位。云南省在与越南的交往中具有独特的区位优势。随着“一带一路”倡议在云南的不断推进，云南省与越南在政治、经济、文化、旅游等方面交往日益密切、频繁，需要大量通晓越南语、知识广博、具有解决复杂问题能力的人才。

综上所述，社会对具有扎实专业基本功、具有解决问题能力的越南语复合型人才的需求，是高校培养人才的方向标，是大力推进研究性思维培养教学的迫切要求和现实需求。因此，高校必须以学生的知识、技能为基础，努力培养学生的研究性思维，大力提高学生研究新问题、解决新问题、处理复杂问题的能力。

4. 云南大学越南语专业本科生研究性思维培养的教学实践

越南语本科生研究性思维培养的教学实践，包括研究性知识结构的建立和研究性思维培养课程教学的实施两个方面。

4.1 研究性知识结构的建立

学生的研究性思维、研究问题的能力和创新能力不是空中楼阁，它所依靠的是学生精湛的专业技能和坚实的知识基础、合理科学的知识结构。一个人只有精通自己所在专业领域的知识，并努力开发创造所必需的技能和洞察力，才能表现出不同于一般个体的创造力（吴庆麟，2009:74）。也就是说，学生的研究性思维赖以存在的基础是科学、合理、坚实的知识结构。

认知建构理论的学习观认为，学习者的学习过程是以自身的知识和经验为基础的主动建构过程，或者说，它是学生在教师创设的问题情景之下，借助已有的背景知识和经验，主动探索，积极交流，相互合作，从而建立新的认知结构的过程。布鲁纳的"结构主义教育"认为，知识总是有结构的，是人们对客观事物构造的一种主观模式。合理的知识在于主观模式或者说结构能与客观事物相符，能很好地说明事物。（吴庆麟，2009:140）

越南语专业本科生合理的知识结构应该是：外语（越南语 + 英语） + 汉语 + 对象国国情（历史、文化、文学等） + 理论基础（语言学理论、文学理论、翻译理论、国际关系理论等） + 逻辑。

越南语专业本科生知识结构的第一个层次是外语，包括越南语和英语，这是本科生知识结构的基础。之所以定位"外语"为知识结构的基础，主要有以下几个原因：①越南语专业的本质属性是外语；②越南语专业的毕业生大多从事以外语为工具的工作；③当今时代是国际交流极其频繁的时代，大学毕业生的外语能力关系到事业成功与否。外语知识结构的建立是越南语本科生知识结构建立的根基所在，没有坚实的外语根基就难以建立整个知识体系。也就是说，外语能力是学生未来工作的核心能力。学生只有具备较高的外语水平和较强的外语运用能力，才能具有解决问题的能力，做好所从事的工作。

越南语专业本科生知识结构的第二个层次是汉语，其重要性仅次于外语。汉语对外语专业学生的个人发展起着十分重要的作用。汉语表达能力、语言水平的高低直接影响着学生外语的综合运用水平。在毕业后进行口译或笔译的过程中，汉语发挥着重要的作用。汉语水平的高低关系着翻译水平的高低。另外，汉语的重要性还体现在工作中的公文写作、调研报告、工作总结等方面。汉语水平不够将会极大影响正常工作的开展。

越南语专业本科生知识结构的第三个层次是对象国国情知识，这是学生知识面宽窄的一个标志性因素。对象国国情知识主要包括对象国的历史、政治、经济、外交、文化、文学等方面的知识。毕业生具有丰富的国情知识对其所从事的工作大有裨益。仅懂外语不懂对象国国情，知识面窄，将无法胜任外贸、外交、外事等各项工作。对个人而言，也不会有可持续发展能力。

越南语专业本科生知识结构的第四个层次是理论基础。理论是助力学生将知识水平推向新高度的手段,理论是提高学生研究问题能力的重要工具。没有理论,学生很难将自己的研究水平推向纵深,也很难分析复杂问题。作为越南语本科生,语言是接触最多、使用最多、研究最多的方面。因此,语言学理论将是学生最需要的理论,是他们分析、解决语言问题必不可少的工具,也是他们解剖语言奥秘的钥匙。

越南语专业本科生知识结构的第五个层次是逻辑知识。逻辑知识与学生在校学习和未来工作都息息相关,尤其是对研究性思维的培养意义重大。逻辑有助于学生在学习、研究中做出更为严谨、更具有说服力的推理和论证成果,有助于学生在毕业后的工作和认识新事物、探寻新结果、获得新知识的过程中,合理恰当地解决复杂问题。

上述知识结构的建立是学生研究性思维培养、研究问题能力提高的根基所在。作为教师,必须充分重视学生合理知识结构的建立。要在教学实践活动中,科学制订人才培养方案,合理设置课程,认真组织教学,激发学生的学习兴趣,激励学生创造性学习,不断扩充学生的知识面,努力帮助学生构建合理、科学、牢固的知识结构。

4.2 越南语本科生研究性思维培养课程教学的实施

为培养越南语本科生的研究性思维和研究能力,教师首先要善于吸收最新的教育科学成果,并将其积极运用到教学中,发现行之有效的、新的教学方法。

为加强研究性思维和研究能力的培养,教师须树立“主人、主体、主角”的人格本位学生观,构建以学生为中心、以创造性学习活动为基础的新型教学模式,使教学活动真正建立在学生自主活动和探索的基础上。因为主动学习、创造性学习是学生研究性思维培养的前提。吴庆麟(2009)认为,在信息加工模型中,学习被看作主动积极加工信息的过程,而主动学习有助于促进有意义的编码。因此,教学活动要求学生进行积极主动的认知,强调学习活动必须具有目的性,新旧知识间要建立联系并进行深加工。从理论角度讲,不同知识加工水平制约个体学习活动,个体越是进行深加工,所学的知识就越有意义(吴庆麟,2009:138)。研究性思维的开发、培养就越深刻、越有成效。

高校要创立有利于学生主体精神、创新能力健康发展的、宽松和谐的自主创新模式。通过不断的指导,帮助学生学会自主创新学习,培养学生的研究意识、研究精神和研究能力。在课堂教学中,教师要以问题为牵引,讲授课程内容,引导学生积极思考,让学生积极发表自己的见解。同时要有针对性地对学生进行发散思维培养,进而促进研究性思维的养成。

在“越南历史”课程学习中,教师以“法国在越南的殖民统治”为题,让学生进行讨论。同学们积极发言,热烈讨论,各抒己见。最后,形成了一个发散性思维的答案:法国在越南的殖民侵略和统治,给越南人民带来了深重的民族灾难,对越南传统文化带来了巨大的冲击。但在统治期间,法国殖民者推行以法语为语言工具的西方教育制度。语言是文化的载体,法语的广泛推行,为越南接受法国文化提供了便利条件,推动了包括法国文化在内的西方文化在越南的深入传播。法国殖民者在推行法语的同时,也极力推广拉丁化国语。拉丁化国语的推广是一个划时代的文字、文化模式的飞跃，为新型教育提供了全新的语言教学工具，也为新兴西方媒体报刊提供了全新的新闻语言。法越教育体系的建立和新兴国语报刊的出现极大地促进了“民主”“科学”“自由”“人权”等文化在越南的进一步渗透和深入传播，进而推动了以传统文化为底蕴，以民主、科学、人文和大众为核心的现代文化在越南的确立和发展。同时，拉丁化国语取代汉字对以汉字为载体的越南传统文化的承继产生了巨大的影响，造成了以汉字为载体的越南传统文化某种程度上的“断层”。越南 1 000 余年使用汉字的历史，留下了丰富的历史、哲学、文学等方面的汉字文献。随着拉丁化国语取代汉字，汉字所承载的丰厚汉文化遗产的历史车轮也戛然而止。这对以汉文化为核心的越南传统文化在 20 世纪的延续带来严重的影响。从发散性思维的角度研究法国在越南殖民统治的问题，就会得出多种答案，就会促进学生研究性思维的启发。

在进行“基础越南语”教学时，教师要求学生用“bạn”造句。学生的答案呈现发散式思维的特征：

(1) Anh Hoa là bạn của em. （小华是我的朋友。）

(2) Các bạn bè quốc tế rất thích Trung Quốc. （外国朋友很喜欢中国。）

(3) Vận động là bạn của các sinh viên chúng em. （运动是我们学生的朋友。）

(4) Con chó là bạn của con người. （狗是人类的朋友。）

(5) Môi trường sạch sẽ và tươi đẹp là bạn của chúng em. （清洁、美丽的环境是我们的朋友。）

(6) Sách vở là bạn của các sinh viên chúng em. （书籍是我们学生的朋友。）

(7) Tủ lạnh là bạn của chúng em. （冰箱是我们的朋友。）

(8) Điện thoại di động là bạn của chúng em. （手机是我们的朋友。）

(9) Máy vi tính là bạn của chúng em. （电脑是我们的朋友。）

从发散性思维的角度分析学生用“bạn”（朋友）的造句，发现学生的思维是开放、多样的。学生已经把“bạn”（朋友）的语义从“彼此有交情的人”扩展、延伸为“彼此有交情的人和彼此有交情的物”。如此训练就会启发学生的思维，激发学生研究问题的兴趣，促进学生研究性思维的启发。

在“基础越南语”课程教学中，教师提出了“从‘外教说giữ nghiêm quy chế是错误的’说起”的讨论话题。同学们积极发言，各抒已见。教师最后总结道：“从‘外教说giữ nghiêm quy chế是错误的’说起”是一个涉及语言个性与语言共性、特殊语言现象与一般语言现象、特殊修辞运用与一般语义运用之间关系的命题。在一般语境中，很少说

“giữ nghiêm quy chế”（坚守规定），但在特殊的修辞需要时，可以说“giữ nghiêm quy chế”。比如在讲述“一个在任何情况毫不变通、丝毫不退让、不折不扣、恪守规定的人”时，就可以说“giữ nghiêm quy chế”（坚守规定）。如此发散思维的训练，无疑对学生研究性思维的启发大有裨益。

美国教育心理学家克勒斯涅认为，发散思维就是在思维过程中，通过对我们所得到的若干概念的重新组合，发散出两个或更多个可能的答案、设想或解决方案（李世海 等，2005：130）。美国心理学家吉尔福特认为，构成创造力的流畅性、变通性、独创性等能力，都与发散思维有关，它是从已有的事实资料中通过辐射而谋求多种不同解决途径的思维方法。（李世海 等，2005：131）。由此可见，发散思维就是在思维过程中，充分发挥人的思想力，突破原有的知识界域和思维定式，从一点向四面八方想开去，通过知识、观念的重新组合，找出更多的、更新的、可能的答案、设想和解决办法。这种思维方法既无一定方向，也无一定范围，允许对引起思考的问题标新立异。这是一种开放性的创新思维。同时，也要把发散思维训练与集中思维训练有机结合。因为任何学习创新活动都要经过从集中思维到发散思维，再从发散思维到集中思维，多次循环，直到问题的解决。

为培养越南语本科生的研究性思维和研究能力，还必须加强他们的逻辑思维能力的训练。逻辑思维是思维的一种高级形式，其特点是以抽象的概念、判断、推理作为思维的基本形式，以分析、综合、比较、抽象、概括和具体化作为思维的基本过程，从而揭示事物的本质特征和规律关系。在语言学习中，教师要注重学生逻辑思维的培养，在论文写作中处理好文章结构、语言表达等方面的逻辑性。

为培养越南语本科生的研究性思维，教师要注重学生的批判性思维的培养。批判性思维的培养在提高学生研究能力过程中发挥着不可替代的作用。批判性思维就是科学地、辩证地、全面地、客观地认识问题，是对别人的观点进行反思、质疑、解析的过程。批判性思维不迷信书本，不迷信权威，坚持真理，大胆质疑，阐明己见，又勇于修正错误。在教学活动中，教师要引导学生广泛阅读，从书籍中汲取营养，同时积极思考，敢于质疑，提出自己的见解。因为任何概念、定论、信条，甚至看似是“真理”的知识，其实都是在特定历史环境下得出的。“真理”在当时的历史环境中，无疑是正确的，但是时过境迁，“真理”所依存的历史环境已经发生了巨大的变化，那些当时的“真理”已经不再适应现在的环境，甚至有的可能已经变成了谬误。如果学生不运用批判性思维去读书，就不能提高自己研究问题的能力。我国古代伟大哲人孟子所说的“尽信书则不如无书”就是这个道理。

现代教学观认为，教学就是教师和学生的共同活动，是教师和学生相互交流、积极互动、共同参与的过程。在课堂教学中，教师要用越南语授课，学生也用越南语回答问题，师生共同营造浓厚的外语氛围。在教学方法上，要摒弃沉闷的、满堂灌的授课方式，实行启发式、讨论式和研究式的授课方式，变学生被动听讲为积极参与教学。要大力倡导学生自主学习和创造性学习。例如，每上一课，教师都要对学生提出以下要求：课前，预习课文内容，搜集相关的材料,准备讨论题;课堂上,教师精心授课,科学组织,学生积极发言,各抒己见,师生共同讨论。要积极开展课堂小组讨论、探究讨论、案例分析、模拟教学、课堂辩论等。还要定期选拔一些学生,让他们像教师一样登台讲课。上述举措的目的是将学生从被动地接受知识转化为主动地学习、探究,充分挖掘、发挥学生的主观能动性和创造性,让他们成为学习的主人,自主地去探索、去创造,全面提高他们的理解能力、思考能力与学习能力以及分析问题和解决问题的能力。除课堂教学外,还需要进行多种形式的"开放课堂"活动。"开放课堂"具有空间上的灵活性、学生对话的选择性、学习材料的丰富性、课程内容的综合性。只有全方位地进行学生研究性思维的培养,才能真正提高学生提出问题、探索问题、研究问题和解决问题的能力,使学生成为"厚基础、宽口径"的优秀复合型人才,成为适应社会、为社会服务的有用人才。

5. 结　语

综上所述,教师要以新的教育思想、教育观念为指导,运用现代化教育技术和信息手段,采取课堂教学与课外研讨相结合的办法,培养学生的研究性思维,提高学生研究性学习和创造性学习的能力,使之成为具有创新精神、创新意识、创新能力的优秀人才。

参考文献

李世海, 高兆宏, 张晓宣, 2005. 创新教育新探[M]. 北京:社会科学文献出版社.

孟万金, 2004. 教育科研——创新的途径和方法[M]. 上海:华东师范大学出版社.

孙亚玲, 2008. 课程教学有效性标准研究[M]. 北京:教育科学出版社.

吴庆麟, 2009. 教育心理学——理论与实践的整合观[M]. 上海:华东师范大学出版社.

谢利民, 2007. 教学设计应用指导[M]. 上海:华东师范大学出版社.

元认知策略与听力教学的关系探讨

马　玲　夏艾米伦[①]

摘　要:听力对英语学习者来说是一项较难掌握的技能,如果学生没有通过练习或指导了解听力的认知过程,他们就无法理解在听时会发生什么,以及如何管理听力任务。运用元认知策略,可以对英语听力全过程进行有效的监控和评价,使学习成为自觉、能动的认知活动,从而增强学生的英语听力学习的有效性,更好地促进语言能力的提高。

关键词:元认知;元认知策略;听力策略

1. 元认知与元认知策略

元认知(metacognition)是"对思维的思维,是主体对自己的认知过程、结果和与之相关的活动的认识"(Flavell,1979:907)。Wenden(1998)将元认知定义为学习知识,这是学习者获得知识存储的一部分,由相关思想系统、相对稳定、早期发展和学习者经验的抽象组成。元认知包括三方面的内容:一是元认知知识,即个体关于自己或他人的认识活动、过程、结果以及与之有关的知识;二是元认知体验,即伴随着认知活动而产生的认知体验或情感体验;三是元认知监控,即个体在认知活动进行的过程中,对自己的认知活动积极进行监控,并相应地对其进行调节,以达到预定的目标。因此,元认知思维可以促进有效的和独立的学习,在学习中起着关键作用。元认知意识和使用听力策略可以帮助听众利用他们收到的语言输入,管理听力方法,专注于口头信息,从而提高他们在听力任务上的表现,元认知的实际使用只能通过支持使用元认知策略来实现(Vandergrift,1990;文秋芳,1996;马秀华,2014;程红霞,2015;韩静,2017)。Rahimirad M & Katal M(2012)的研究试图指出优秀语言学习者的特征以及他们在特定语言任务中使用的策略类型,发现关于任务特征的明确的元认知知识和

---

① 马玲,云南大学外国语学院教授,研究方向:二语习得、学术写作、翻译。
夏艾米伦,云南大学大学英语部助教,研究方向:认知语言学、文化与翻译。

应用适当的任务解决策略是语言学习有效性的主要决定因素。听力策略的元认知意识与英语成绩(Kummina & Rahmanb,2010)、英语听力水平(Vandergrift,2003)和语言学习动机(Vandergrift,2005; Rahimirad,2004)有关。

20世纪70年代以来,学习策略的研究已成为语言学习及教学方面的重要内容。O'Malley和Chamot将学习策略分为三种类型:元认知策略(meta-cognitive strategy)、认知策略(cognitive strategy)和社会情感策略(social/affective strategy)(1990:44)。元认知策略具体可以分成三类:计划策略、监控策略和评估策略。计划策略指学习者根据自己已有的认知知识,对语言学习制订出一个适合自己的计划;监控策略指学习者对自己的学习进程、学习方法、效果等随时进行监控,包括记忆监控、阅读监控等;评估策略指学习者经常性对自己的学习方法、认知策略进行自我评估,并自我调节所使用的策略。元认知策略是为了成功学习一门外语而采取的管理步骤,如制订计划 、监控学习过程、评估学习效果等。认知策略涉及对输入信息的处理,包括再现、重述、总结、推理、借题发挥等策略。

2. 元认知策略与听力学习和教学

听力理解是较难处理的语言技能,听力过程中有较多的不确定性,为了帮助语言学习者更好地倾听,最大限度地提高英语和英语环境下的听力教学效率,相关的研究集中在熟练的听者处理口头输入和口头信息的方式上。研究结果表明,认知和情感因素都会影响听者管理听力任务和克服听力困难的方式。该框架的一个研究方向是关注听力理解的元认知意识。这种意识与听众思考倾听过程的方式有关;规划、监控和评估倾听任务;解决他们在倾听过程中面临的问题(Vandergrift 2005;Kummina & Rahmanb, 2010)。认知科学告诉我们,人脑对信息的加工过程是连续的。听音过程中,通过听觉刺激得来的信息首先会进入一个感官储存,这就是超短时记忆,而信息在此储存时间极短,一般在一两秒内便会消失,只有当它受到注意时才会转移成相对的短时记忆。因此听者在听音时绝不能被动地接收所有信息,而应主动地去注意某些信息。因此,在听力教学中,教师可以培养学生的元认知策略,由此帮助学生把被动听力学习转化成主动的学习行为(De Silva & Graham, 2010;Rahimirad, 2014)。

在"以学生为中心"和"学生自主学习"的理念下,大部分高校都建立了网络自主学习中心。但大学生在学习中心纯粹的自主学习对英语听力提高的效果甚微。为提高大学生英语听力自主学习的能力,可探求元认知学习策略的介入(汪金凤、李群英,2012);针对如何提高大学生英语听力自主学习能力问题,在网络自主听力教学中对学生实施了元认知策略培训,并对培训前后学生元认知策略使用情况进行了比较,发现元认知策略培训能够有效促进大学生英语听力水平的提高。但是,研究也发现,学生的自我监控和管理能力明显较弱,影响了他们的自主听力学习能力的提高,需要教师在之后教学中加强对这类策略的培训(马秀华,2014)。

在大学英语课堂教学过程中,科学、合理地应用元认知策略,能够有效激发大学生学习英语的兴趣,充分调动学生学习英语知识的积极主动性,促进教师与学生、学生与学生两者之间进行良好的沟通交流,有助于构建和谐、友好的师生关系,有效提升大学英语听力教学水平和教学质量,提高大学生的英语听力水平和综合素质。在大学英语听力学习中向学生推广元认知的学习策略,增强学生大学英语听力学习的自觉性和主动性,给英语听力学习提供动力,促使学生由被动学习转向自主学习(韩静,2017)。

3. 自我效能和语言学习策略

由于学生在听力教学过程中没有发挥积极的作用,他们对自己处理听力任务的能力没有信心。这会提高学生的听力焦虑水平,导致自我效能感降低(Rahimia & Abedib,2014)。听力对英语学习者来说是一项较难掌握的技能,如果学生没有通过练习或指导了解听力过程的认知方面,他们就无法理解他们在听时会发生什么,以及如何管理听力任务。因此,他们失去了对听力任务的控制,进而表现出低水平的自我效能。结果表明,听力自我效能感与听力策略的元认知意识之间存在显著的正相关关系。此外,听力自我效能感与计划评估和问题解决策略显著正相关,与心理翻译策略相反。由于自我效能感越高,对听力任务的控制能力越强,才能保证策略的成功运用,因此应特别注意这一结构在听力教学研究和实践中的作用。

元认知策略是"可能需要计划、监控或评估活动成功的高阶执行技能"(O'Malley & Chamot,1990:44)。在这个框架中,听力策略的元认知意识可以被定义为"学习者的认知评价或他们对自己的看法,他们对听力需求的理解,他们的认知目标,以及他们对任务的方法和他们的策略的元认知知识"(Vandergrift,1997)。关于听力策略的元认知意识的研究基于过程的教学听力技巧教学方法,以引导学生"学会倾听",以便他们能够更好地"倾听学习"(Vandergrift,2005)。元认知策略教学可以显著提高学生的听力表现。监测和评估策略还可以使学习者更加独立和学会自我调节。学生通过一些成功的策略来破译听力任务这一概念,使他们在处理技能时具有信心和支持感,具有挑战性和隐含性。因此,学生通过规划、监测和评估的循环来承担自己的学习责任(O'Malley et al., 1989; Wen Qiufang, 1996; Vandergrift, 1997; 马秀华,2014)。

Vandergrift(2005)进一步细化了元认知听力策略,学生们获得了一些成功的策略并用来破译听力任务,这给了他们信心和支持,让他们学会处理像听力一样具有挑战性和含蓄的技能。因此,学生通过计划、监控和评估的周期来负责自己的学习。第二语言习得中影响听力的因素很多。动机和元认知策略的运用是其中的两个因素,它们是学生自身带来的变量,可以与教师共同发展。动机是决定学习者投入语言学习的重要因素。元认知策略作为研究的另一个变量被定义为思考或思考自己的研究。策略使用也是语言学习的重要因素。动机是决定学习者努力学习语言的重要因素。在过去的几十年里,人们广泛研究了学习者的策略运用。然而,很少有研究关注策略教学对策略使用的影响,以及不同水平的学习者能够有效地使用策略的程度(De Silva & Graham,2015)。

元认知听力策略	例　子
解决问题	用已知的词来推断出未知词的含义;使用文本的一般概念来推断未知单词;用自己的经验和一般知识来解读文本;在意识到自己的解释不正确时调整自己的解释;监控推理的准确性,使其与发展中的相互作用一致。根据自己对主题的了解来比较或改进推理
计划和评估	制订听力计划;考虑将类似的文本作为倾听指南;在倾听时有一个目标;在听的过程中定期检查一个人对正在进行的解释的满意度;评估一个人的听力学习中的策略有效性
心里翻译	听力训练时避免头脑中的翻译;避免关键词的翻译;避免逐字翻译
个人知识	与其他三种语言技能相比,评估听力难度;评估学习者对二语听力的语言信心;评估二语听力中的焦虑水平
定向注意力	注意力不集中时回到正轨;理解困难点时更加集中注意力;走神时能恢复注意力;理解难点时不放弃

(元认知听力策略 Rahimia & Katal. 2012:1155)

4. 元认知策略在听力教学中的运用

元认知策略对于听力理解水平的提高具有潜在的重要作用。它可以帮助学生有效地在听力学习中进行自我调整和自我规范,并对学习结果进行自我评估。如果学生能做到以下几个方面,就是在成功地使用元认知策略来帮助听力理解:(1)分析一项听力任务的要求;(2)根据不同的听力过程采用不同的策略;(3)做出合理的推测;(4)监控自己的理解;(5)设法猜测生词;(6)评估听力过程中所采用的方法(O'Malley & Chamot,1990;Wen Qiufang,1996;程红霞,2015)。

(1)在听前阶段,教师应唤醒学生运用学习计划策略的意识。具体而言,教师应帮助学生明确具体听力任务的目的;激发学生已有的关于听力任务的知识并调动其听力的兴趣。

同时,学生应对听力活动的目标、过程、步骤做出规划与安排,明确具体听力任务的目的;比如,相关词汇的讲解,背景知识的介绍,场景的分析等。提出复述、重述或模仿等具体听力任务。

在听前阶段,教师首先应告诉学生听力理解不是一个单纯的被动接受声学信号或刺激的语言信息解码过程,而是一个听者主动利用音素、句法和语义等信息去辨认声学信号刺激,积极参与"信息重建"的过程;是听者利用已有知识,根据词汇激活的心理图式,通过推理联系新事实和吸收新信息的过程。

(2)在听的过程中,教师应帮助学生将注意力集中在句中关键词和话语标记语等关键点上,并培养学生如何监控听力理解、策略使用和听力任务。同时,学生应将注意力集中在句中关键词和话语标记语等关键点上并选择和执行听力理解策略来监控理解和听力任务的完成情况。总之,学生应培养自身选择注意力和自我监控的能力。传统的听力教学往往只强调听力微技能的培养,如辨音、辨义、连读等训练,忽视学习者对自己思维过程的意识和控制。因此,要想发挥学习者的优势,使他们更好地配合教学,必须向他们传输相关的元认知知识,即人们在认知活动中完成任务的同时,以自身的认知活动为认知对象,对学习全过程进行有效的监控和评价,使学习成为自觉、能动的认知活动。

(3)在听后阶段,教师应帮助学生研究和扩展听力材料并培养学生自我评估的能力。具体而言,教师应使用听力任务中的主题或话题进行其他语言技能的练习(如说,写),检查和巩固听力中出现的语言点,使学生个性化地掌握听力材料的内容;帮助学生进一步获取有关听力主题的知识并在一段时间内评估学生听力学习的表现。同时,听英文广播或看英文电视节目都是对课堂听力扩展的极好补充。

总之,听力理解不是一个单纯接受声学信号或者刺激的语言信号的解码过程,而是一个听者主动利用音素、句法和语义等去辨认语音信号、积极参与信息重建的过程。这是学习者根据听力材料激活的心理图示,通过推理接受新事实和吸收新信息的过程。因此在听音的过程中,听者积极的主动参与是极为重要的。它需要利用各种语言和非语言的方法积极地对语音信号进行过滤、重组、编码并转换成听者能接受的信息。利用元认知策略,加强教师在听力过程中的干预,增强学生的元认知策略意识,培养学生对听力策略使用的意识及对使用意识的评价和判断,培养学习者对听力过程而不是结果的关注。这样可以更好地发挥学习者听力学习的主观能动性。教师在听力教学中指导学生运用元认知策略,可以使学生更加积极主动、更加有效地进行听力训练。

参考文献

DE SILVA R L, GRAHAM S, 2015. The Effects of Strategy Instruction on Writing Strategy Use for Students of Different Proficiency Levels[J]. System(53): 47-59.

FLAVELL J H, 1979. Metacognition and Cognitive Monitoring: A New Area of Cognitive-developmental Inquiry

[J]. American Psychologist(34):906-911.

KUMMINA S, RAHMANB S, 2010. The Relationship Between the Use of Meta-cognitive Strategies and Achievement in English[J]. Social and Behavioral Sciences (7):145-150.

O'MALLEY J M, CHAMOT A U, 1990. Learning Strategies in Second Language Acquisition[M]. Cambridge: Cambridge University Press.

O'MALLEY J M, CHAMOT A U, 1989. Listening Comprehension in Second Language Acquisition[J]. Applied Linguistics(4):418-437.

RAHIMIRAD M, KATAL M, 2012. The Role of Metacognitive Listening Strategies Awareness and Podcast-use Readiness in Using Podcasting for Learning English as a Foreign Language[J]. Computers in Human Behavior (28):1153-1161.

RAHIMIA M, ABEDIB S, 2014. The Relationship Between Listening Self-efficacy and Metacognitive Awareness of Listening Strategies[J]. Social and Behavioral Sciences (98):1454-1460.

RAHIMIRAD M, 2014. The Impact of Meta-cognitive Strategy Instruction on the Listening Performance of University Students[J]. Social and Behavioral Sciences (98): 1485-1491.

VANDERGRIFT L, 1997. Facilitating Second Language Listening Comprehension: Acquiring Successful Strategies [J]. ELT Journal (53):168-176.

VANDERGRIFT L, 1997. The Comprehension Strategies of Second Language (French) Listeners: A Descriptive Study[J]. Foreign Language Annals (30):387-490.

VANDERGRIFT L, 2005. Relationships Among Motivation Orientations, Meta-cognitive Awareness and Proficiency in L2 Listening[J]. Applied Linguistics (26):70-89.

WENDEN A L, 1998. Meta-cognitive Knowledge and Language Learning[J]. Applied Linguistics(4):515-537.

WEN QIUFANG, 1996. The Theory of English Learning Strategy[M]. Shanghai: Shanghai Foreign Language Education Press.

汪金凤, 李群英, 2012. 元认知学习策略与听力自主学习能力的提高——对黄冈师范学院2011级非英语专业本科生的调查[J]. 天津市经理学院学报(6):70-71.

马秀华, 2014. 网络环境下元认知策略培训与自主听力学习能力培养的实证研究[J]. 科研园地(2): 70-73.

程红霞, 2015. 元认知策略与听力自主学习能力间的关系探析[J]. 开封教育学院学报35(11):72-73.

韩静, 2017. 网络环境下元认知策略对大学英语听力学习的影响[J]. 文教资料(28):218-219.

“体”在法语教学中的运用

刘春燕[①]

摘　要:动词是法语中一个重要的词类,是一个句子的核心,赋予句子意义和连贯性,可以表达动作、事件或状态。动词以“时”(temps)、“式”(mode)、“体”(aspect)和“态”(voix)的形式表现出来,共同构成动词的变化形式。在传统的语法教学中,“时”“式”和“态”更多地受到教师的重视,相对而言,“体”没有受到足够的重视。如果教师能够引导学生更好地认识“体”这个概念,学生一定能够更好地掌握法语动词的用法。本文试图对“体”进行一个全方位的研究,探索其在词汇教学、句法教学和时态教学中的运用,并通过这个研究引导大家认识“体”在法语教学中的重要性。

关键词:“体”;动词;法语教学

1.引　言

“体”(aspect)是法语语法的一个范畴,和“时”(temps)、“式”(mode)、“态”(voix)同为动词的表现形式。“时”把动词表达的动作或状态确定在过去、现在或将来;“式”说明说话人如何看待动词表达的动作或状态;“体”指出动词表达的动作或状态进行的方式;“态”表明动词的“语法”主语是主动还是被动。然而,法语教学更多涉及的是“时”“式”和“态”,对于“体”却很少提到。其实,作为一个重要的语法范畴,如果在教学中能够得到恰当的运用,“体”的概念可以在教学中发挥极大的作用。接下来,笔者首先对法语中“体”的概念做简要的说明,再从词汇、句法和时态三个方面对“体”的概念在法语教学中的运用做具体的讲解,最后总结“体”的概念在法语教学中的重要性。

---

① 刘春燕,云南大学外国语学院副教授,研究方向:法语语言学、翻译。

2. "体"的定义

在法语中,"体"是这样被定义的:la manière dont se déroulent l'action, l'événement(动作、事件进行的方式)。我们也可以这样定义"体":表明动作或过程在某一时间内已进行到什么阶段并处于什么状态,同时还表明动作的进行方式的一种语法形式。具体来说,动作或过程的进行阶段可分为开始阶段、中间阶段和终止阶段,动作的进行方式则指的是动作在进行过程中所表现出来的持续性、短暂性或重复性。根据这个定义,我们可以划分出以下几种基本的"体":

(1)持续体(aspect duratif):表示动作在延续。如:

Il vit dans la misère. 他生活在贫困中。(vivre 所表示的动作可以延续。)

(2)短暂体(aspect ponctuel):也叫非持续体(aspect non-duratif),表示动作瞬时完成。如:

Je sors de chez moi. 我从家里出去。(sortir 所表示的动作瞬时完成。)

有的时候,同一个动词既可以是持续体,也可以是短暂体。如:

Elle chante. 她唱歌。(这句话的含义是她以唱歌作为职业,所以 chante 所表示的动作可以延续。)

Elle chante une chanson française. 她唱了一首法语歌。(这句话的含义是她唱了一首歌,所以 chante 所表示的动作瞬时完成。)

(3)未完成体(aspect inaccompli):表示动作正在完成过程中。如:

Il se promène. 他在散步。(这句话的含义是他正在散步,动作尚未完成。)

(4)完成体(aspect accompli):表示动作已经完成。如:

Il s'est déjà promené. 他已经散完步了。(这句话的含义是他散完步了,动作已经完成。)

(5)始动体(aspect ingressif):表示动作正要开始。如:

Il se met à se promener. 他开始散步。(表示动作处于开始的状态。)

(6)重复体(aspect répétitif):表示动作在重复。如:

Tous les soirs, il se promène. 每天晚上,他都去散步。(表示动作在不断重复。)

"体"可以通过动词本身的词义进行表达。例如:durer(持续)、rester(逗留)属于持续体动词,partir(出发)、arriver(到达)属于短暂体动词,courir(跑)、voyager(旅行)属于未完成体动词,finir(完成)、arrêter(停止)属于完成体动词,commencer(开始)、germer(产生)属于始动体动词,répéter(重复)、redire(重述)属于重复体动词。

3. "体"的概念在词汇教学中的运用

"体"的概念可以在法语教学中用来帮助理解词义。比如,durer 是一个持续体动词,词义上就包含动作在延续：continuer à se passer（pendant un certain laps de temps, depuis ou jusqu'à un moment déterminé ou une période donnée），因此在使用时后面经常会接一个表示时间长短的短语。如：

Le beau temps va durer quelques jours. 好天气会持续几天。

这个动词也可以单独使用，表示动作将一直持续下去：se prolonger longtemps。如：

La catastrophe devrait durer. 灾难应该会继续下去。

或者表示某物能够经久、耐久、持久：exister longtemps。如：

Le chef-d'oeuvre de cet écrivain durera. 这位作家的代表作将经得住时间考验。

可以看出，动词 durer 的几个词义中都包含时间的概念，如果在讲解这个动词的用法时抓住这一点，就可以很好地帮助学生理解其含义，进而帮助他们正确地使用这个动词。

法语中有一类动词带有前缀 a- 或前缀 a- 的变体，这一类动词的词根要么是动词，如 amener（领来）、apporter（带来）；要么是名词，如 aborder（靠岸）、affronter（迎战）；要么是形容词，如 adoucir（使柔和）、agrandir（增大）。这一类动词在词义上都有一个共同点，即它们所表示的动作都具有完成性，换句话说，这一类动词都属于完成体动词。如：

Elle a amené sa cousine à l'exposition dimanche dernier. 上个星期天她带她的表妹去看展览了。（动词 amener 表示把某人带来或带往某个地方，运动方向发生了变化。）

Il aborda les inconnus dans la rue. 他上前同街上的陌生人们攀谈。（动词 aborder 本义指船靠岸，转义指上前同某人攀谈，无论在本义还是转义中都发生了位移。）

Les incidents dans la vie a adouci son caractère. 生活中的变故使他的性格变得温和了。（动词 adoucir 表示使柔和或者使温和，不表明运动方向变化和位移，而是表明状况的变化。）

在讲解这一类动词的用法时，如果能联系动词的完成体意义来进行讲解，学生将更好地理解这一类动词的含义并且更好地掌握这一类动词的用法。

“体”的概念在同义词辨析中也能起到很大的作用。如这样一组同义词：voler 和 s'envoler，从词义上看，这两个动词都含有“飞”的意思，如果从“体”的角度，就很容易看出这两个动词之间的差别。前者是一个未完成体动词，而后者是一个完成体动词，前者的法语释义是：se mouvoir, se maintenir dans l'air ou dans l'espace（在空中或空间里移动，保持原状），而后者的法语释义是：prendre son vol ; s'échapper（飞走；逃走）。从各自的释义可以看出，前者强调的是物体在空中维持的动作或状态，而后者强调的是物体飞走这个结果。比较下面这组句子：

L'oiseau volait dans l'air. 鸟在空中飞。

L'oiseau s'est envolé. 鸟飞走了。

需要注意，voler 还有一个释义：se déplacer très rapidement（飞奔），当 voler 作“飞奔”解时，它就是一个完成体动词。如：

Il n'a pas hésité à voler au secours de son copain. 他毫不犹豫地跑去救他的伙伴。

由此看来，voler 是一个双体动词。

通过对 voler 和 s'envoler 的辨析，可以看出运用“体”的概念可以帮助学生很好地区分同义动词，使同义动词的词义明朗化。这样，同义动词的辨析也就自然而然地完成了。

4.“体”的概念在句法教学中的运用

“体”的概念不仅有助于词汇教学，也有助于句法教学。句法是描述语言单位通过哪些规则结合成为句子的语法组成部分，其中，动词句法描述的就是动词结构不同的构造方式：可以单独使用，可以后随直接宾语，可以后随间接宾语，可以后随一个直接宾语和一个间接宾语，可以后随两个间接宾语，也可以后随表语。本文试图从“体”的角度对动词结构进行描述，通过“体”的概念帮助学生构建正确的句子，摒弃错误的句子。

此处主要以短暂体动词为例。短暂体动词的特点是动作瞬时完成，如上文所举的 partir 和 arriver。既然短暂体动词所表示的动作很短暂，如果这个短暂体动词是不及物动词，那么使用时后随的时间状语就不能表示时间的延续性，如：

* Ils sont arrivés pendant une heure.

这个句子是错误的，因为 arriver 表示的动作非常短暂，而 pendant une heure 这个时间状语有一定的期限，两者搭配在一起是矛盾的。反之，如果动词所表示的动作可以延续，换句话说，动词是持续体，这样的动词就可以和表示期限的时间状语连用，如：

Ils ont chanté pendant une heure. 他们唱歌唱了一个小时。

这个句子就是正确的表达，因为动词 chanté 所表示的动作可以延续，时间状语 pendant une heure 所表示的也是一个延续的时间，所以两者可以放在一起使用。

针对短暂体动词表示动作瞬时完成的特点，使用短暂体动词时还需注意：这类动词不能和始动体动词连用。如下面这个句子：

* Le vase commence à tomber par terre.

这个句子是错误的，因为 tomber 是一个短暂体动词，“花瓶掉到地上”这个动作很快就能完成，但是 commencer 是一个始动体动词，即一个动作开始之后要持续一段时间，所以和瞬间就能完成的动作 tomber 不能搭配使用。

由此可以看出，“体”的概念在动词句法教学中可以起到很大的作用，如果教师引导得当，学生就可以从“体”的角度更好地掌握动词句法，就会发现哪些句子是正确的表达，而哪些句子是错误的表达。这样，教师就可以帮助学生树立法语语感，进而完善学生的法语表达。

5.“体”的概念在时态教学中的运用

在直陈式的时态教学中，对复合过去时和未完成过去时的讲解是一个重点，同时也是一个难点,特别是两种时态间的联系和区别较难把握,令不少学生感到头疼。本文另辟蹊径,从"体"的角度入手,对这两种时态间的联系和区别加以剖析,希望能使这两种时态之间的关系更加清晰,并借此简化时态教学。

复合过去时和未完成过去时是一组对立的时态,前者是完成体,而后者是未完成体,前者表示动作已经完成,而后者表示动作尚未完成。可以比较下面这组句子:

Les misérables sont morts dans la catastrophe. 可怜的人们在灾难中死去了。

Après une longue marche, il mourait de faim. 在走了很长一段路后,他快要饿死了。

第一句话中使用的是复合过去时,mourir 这个动作已经完成,而第二句话中使用的是未完成过去时,mourir 这个动作尚未完成。同一个动词,使用的时态不同,意思就大相径庭,可见时态在表达含义时起着至关重要的作用。再比较下面这两个例子:

Ils ont attendu vainement toute la journée ce jour-là. 那一天,他们白等了一整天。

Le café était plein. Tout le monde bavardait tout en buvant le café. Il attendait sa copine. A ce moment-là, un homme qu'il connaissait l'a salué. 咖啡馆里坐满了人,大家边喝咖啡边聊天,他在等着他的同伴。这时,一个他认识的男人和他打了一声招呼。

两个例子中用了同一个动词 attendre,同一个动词在两个例子中分别用了复合过去时和未完成过去时。第一个例子中有一个明确表示过去的时间状语:ce jour-là,这个时间状语的使用限定了 attendre 这个动作发生的时间,并且标志着动作在一个过去时间已经完成,所以句中使用了复合过去时;而第二个例子中没有标明 attendre 这个动词具体的开始和结束的时间,être、bavarder、attendre 这三个动词所表示的时间都是持续的,期限都是不确定的,所以都用了未完成过去时,在这个持续的时间进程中,有一个动作发生并且完成了,那就是 saluer,所以 saluer 用了复合过去时。

上面以两个动词为例,一个是 mourir,一个是 attendre,从动词的角度看,mourir 属于短暂体动词,而 attendre 属于持续体动词,可见时态的使用并不取决于动词的性质,而是要看这个动词在句中所表示的动作或状态是已经完成还是处于完成的过程中。如果动作或状态已经完成,就使用复合过去时;如果处于完成的过程中,则使用未完成过去时。前面所举的两个动词都是表示动作的动词,下面以一个表示状态的动词为例:

Son mari qui avait véçu dix ans avec elle l'a quittée, ce qui a été un coup terrible pour elle. 同她生活了十年的丈夫离开了她,这对于她来说是一个极大的打击。

Beaucoup d'empereurs ont choisi cette ville comme capitale parce que la position de cette ville était très avantageuse militairement. 很多皇帝选择这座城市作为国都是因为这座城市在军事方面的地位很有利。

这两个句子中出现了同一个表示状态的动词 être。在第一个句子中,être 以完成体的形式出现,说明丈夫离开她这件事情给她带来的后果;在第二个句子中,être 以未完成体的形式出现,解释了很多皇帝选择这座城市作为国都的原因。

可见,不管是表示动作的动词还是表示状态的动词,使用复合过去时还是未完成过去时,取决于这个动词所表示的动作或状态是否已经完成,判断的依据可以是句中的时间状语,也可以是与上下文相关联的句子。

除了完成体,复合过去时还表现为短暂体和始动体,除了未完成体,未完成过去时还表现为持续体和重复体,所以复合过去时和未完成过去时是一组对立的时态。如:

Le train est entré en gare avant l'heure. 火车提前进站了。

Une panne a fait arrêter le train qui entrait en gare. 一个故障使正在进站的火车停了下来。

在第一个句子中,动词 entrer 呈现出短暂体,动作瞬时完成,在第二个句子中,动词 entrer 呈现出持续体,动作在延续。再看下面这组句子:

Le jour s'est mis à se lever. 天开始亮了。

Le jour se levait tous les jours à six heures. 每天六点钟天就亮了。

在第一个句子中,动词 se lever 呈现出始动体,动作在过去的某个时间点正要开始;在第二个句子中,动词 se lever 呈现出重复体,动作在过去重复发生。

和未完成过去时一样,现在时也呈现出未完成体、持续体和重复体,所以这两种时态标志性的时间状语是相同的:souvent、toujours、chaque jour、tous les jours 等。这两种时态的区别在于现在时定位在现在,而未完成过去时定位在过去,因此未完成过去时在使用时除了表示持续和重复的时间状语之外,还会有表示过去的时间状语,如:l'an dernier、autrefois 等,或者上下文的语境已经表明了时间是在过去。但是对于未完成过去时呈现的重复体需要注意:如果句子中出现的是表示频度的副词短语如 plusieurs fois,表示在确定的短时间内动作反复发生了几次,这时就不应该使用未完成过去时,而应该使用复合过去时了。例如:

J'ai visité ce musée trois fois, donc je ne veux plus le visiter. 我已经参观这座博物馆三次了,所以不想再去参观了。

直陈式中位于过去这个时间点的时态除了复合过去时和未完成过去时,还有一个重要的时态,那就是简单过去时。和复合过去时一样,简单过去时呈现的也是完成体、短暂体和始动体,表明事实、事件或动作在过去已经完成,所不同的是简单过去时所表述的过去的事实、事件或动作同做出这个表述的时刻是断开的,换句话说,简单过去时所处的过去的时间点和叙述者所处的现在的时间点是没有关联的,叙述者以一个旁观者的身份讲述过去所发生的事实、事件或动作,讲述过去的一段历史,讲述一个故事,叙述者本人并没有介入到叙述当中,所以简单过去时较多使用第三人称单数和复数,且常用于书面语,比如文学作品和报刊,在广播等口语化的书面语当中也较常用。反之,如果使用复合过去时来表述过去的事实、事件或动作,这个过去的事实、事件或动作同做出这个表述的时刻没有断开,也就是说,复合过去时所处的过去的时间点和叙述者所处的现在的时间点是有关联的,即叙述者本人介入到了叙述当中,这些过去的事实、事件或动作对现在产生了影响。例如:

Les cafés, qui s'appelaient d'abord des maisons de café, s'ouvrirent en France à partir du milieu du XVIIe siècle. 咖啡馆起初叫作咖啡屋，自 17 世纪中叶起在法国开始开设咖啡馆。

这个句子中出现了一个动词 s'ouvrir，这个动词使用了简单过去时，简单过去时呈现出完成体，同时也呈现出短暂体和始动体，而且简单过去时赋予了这个句子一种历史色彩。叙述者以一个旁观者的身份讲述了一个历史事件——咖啡馆在法国的开设。这个历史事件是一件纯粹发生在过去的事情，叙述者并不想说明这件事情同现在的联系以及对现在的影响，简单过去时的使用把这个历史事件所处的过去同叙述者所处的现在断开了。这个例子还可以说明简单过去时同未完成过去时的关系。正如复合过去时同未完成过去时的关系一样，简单过去时和未完成过去时也是一组对立的时态，前者是完成体、短暂体和始动体，而后者是未完成体、持续体和重复体；前者讲述历史事实和事件，而后者描述背景、解释原因。简单过去时和未完成过去时的结合可以在讲述一段历史的同时使讲述更生动、更形象。

6. 结　语

“体”是法语动词不可或缺的一个组成方面，是研究法语动词时无法回避的一个问题。然而，在法语教学中，却没有给予“体”足够的重视。在词汇教学中，讲解动词用法时，都是从词义入手，很少注意到动词呈现出来的是什么体；辨析同义词时，也是从词义入手，很少注意到动词呈现出来的体之间的差别。在句法教学中，讲授动词句法规则时，动词结构不同的构造方式以及动词后随的不同成分，几乎不会运用“体”的概念来辅助句法教学。时态教学注重的是各个时态不同的语法功能，忽略了时态中所包含的“体”的概念，没有挖掘出动词时态的外表下所体现出来的动作的进行阶段和进行方式，从而遗漏了动词的一个重要表现形式——“体”，而只注意到动词的其他三个表现形式——“时”“式”和“态”。其实，“时”“式”“体”和“态”都是动词的组成方面，缺一不可，缺了任何一个方面，动词的表现形式都不完整。所以，应该重视“体”在法语教学中的地位，引导学生熟悉动词的这个重要表现形式，通过“体”的概念，使学生更全面地了解法语动词，更熟练地掌握法语动词的用法。

参考文献

Sylvie Poisson-Quinton, Reine Mimran et Michèle Mahéo-Le Coadic, 2002. Grammaire Expliquée du Français [M]. Paris：CLE International.

李宝树，1991. 法语动词的时、体与式[M]. 北京：商务印书馆.

中美贸易摩擦中我国英文主流媒体的舆情应对研究

刘笑元　向　洪[①]

摘　要:2018 年,愈演愈烈的中美贸易摩擦给中美经贸关系带来了巨大的挑战。中美经贸关系对两国意义重大,对全球经济稳定和发展也有着举足轻重的影响。因此中国如何正确面对这场挑战无疑是个具有现实意义的重要课题。这不仅对中美两国贸易健康、稳步发展具有重大意义,而且对全球各国如何正确应对贸易摩擦也有一定的借鉴意义。

关键词:中美贸易摩擦;主流媒体;语料库;语义韵

1.引　言

在经济全球化的背景下,各国间在贸易发展进程中不可避免地会出现一些摩擦。中国和美国作为世界上的两个经济大国,双边的贸易摩擦尤为突出。“改革开放以来,中国与美国的双边贸易取得了飞速的发展,双边贸易额持续增加。然而,双边贸易不断增强的同时,贸易摩擦也频发,尤其是在世界经济复苏乏力、贸易保护主义抬头的背景下,中国与美国的双边贸易摩擦高发已成为一种常态”(吴光宇、李罂宇,2018:42)。2018 年中美贸易摩擦成了全球热点,受到了国际社会的广泛关注,本文主要尝试对我国主流媒体关于中美贸易摩擦的相关舆情应对进行研究,由此分析中国采取怎样的态度和立场来对待这场贸易摩擦。

本文选取《中国日报》《环球时报》和《人民日报》这三份具有传播力、公信力和影响力的英文主流报纸,考察其中有关中美贸易摩擦的相关报道,梳理中国对这场贸易摩擦的态度,借此探究我国政府对此事件的看法和立场,以及向外界发出的中国声音。经查阅,早在 2010 年人民网和《环球时报》上就有关于中美贸易摩擦的报道,但相对较少,声音也不那么强烈。但从 2017 年开始相关报道逐渐增多,直至 2018 年 3 月份中美贸易战打响了第一枪,中美贸

---

① 刘笑元,云南大学外国语学院副教授,研究方向:形象研究、话语研究。
向洪,云南大学外国语学院硕士研究生,研究方向:话语研究。

易摩擦成了热点话题。本文分别以“Sino-US trade”“Sino-US trade friction”“Sino-US trade war”为检索词,搜索上述报纸在 2017 年 8 月 14 日到 2018 年 12 月 6 日期间即中美贸易战初现端倪到中美双方达成休战三个月协议的这段时间内有关中美贸易摩擦的全部报道标题,得到若干篇中美贸易摩擦相关新闻报道,然后再经过内容相关性的分析筛选,最终得到 83 篇有关中美贸易摩擦的报道。

2. 语义韵理论

本文以语义韵为理论框架开展新闻话语的研究。“语义韵是语料库研究迄今为止最为重要的贡献之一”(Sinclair,2003:178)。语义韵最早可以追溯到 1987 年 Sinclair 基于语料库数据对动词短语“set in”的研究,Sinclair 借用 Firth 曾使用的语音韵律(Phonological prosody)一词而创造出的语义协调(semantic harmony)或语义联想(semantic association)这一语料库语言学术语。正如声音可以互相影响,词与词之间的语义也能互相感染。“语料库研究表明,词项的搭配行为显示一定的语义趋向:一定的词项会习惯性地吸引某一类具有相同语义特点的词项,构成搭配。由于这些具有相同语义特点的词项与关键词项在文本中高频共现,后者就被‘传染’上了有关的语义特点,整个语境内就弥漫了某种语义氛围”(Sinclair,1991:74-75;卫乃兴,2002:300-307)。接着 Louw 于 1993 年在他的论文中首次提出了语义韵(semantic prosody)这一术语,“Louw 称这种词语由其搭配词激发出的相匹配的意义氛围为语义韵律”(付玉萍,2010:152)。“这种语义氛围就是语义韵,是节点词与周围相关搭配词的语义特征交互影响产生出来的意义”(卫乃兴,2011:87)。

关于语义韵的分类,三分法是最常见的分类方法。Stubbs(1995)将语义韵划分为积极(positive)、中性(neutral)和消极(negative)三大类。积极语义韵是指词项的搭配词都具有强烈的、鲜明的积极语义的特点的词语,它们使整个语境弥漫一种浓厚的积极语义氛围。消极语义韵则相反,与节点词搭配的大多数都是带有消极的、负面意义的词语,其语境会染上一层消极的氛围。中性语义韵词语既搭配积极语义特点的词语又搭配消极语义特点的词语,它呈现出一种错综的语义氛围。因此,“中性语义韵称为错综(mixed)语义韵”(卫乃兴,2002:300)。一般来说,绝大多数的英语词语的搭配行为呈现出错综语义韵现象。

本文基于自建的语料库,运用语料库检索软件 AntConc3.5.7w 对其进行处理,并借助语义韵理论分析语言背后的中国态度。

3. 中美贸易摩擦的四个阶段

基于我国主流媒体的相关新闻报道,本文详细回顾了此次由美国政府发起的中美贸易摩擦的过程,并将其划分为如下四个阶段。

3.1 潜伏期

2017 年 8 月 14 日至 2018 年 3 月 9 日为第一阶段。2017 年 8 月 14 日，时任美国总统特朗普签署了一份行政备忘录，授权美国贸易代表审查所谓的“中国贸易行为”，即按照美国《1974 年贸易法》第 301 条，对中国在技术转让等知识产权领域的做法展开贸易调查，判断中国是否涉嫌侵犯美国智慧财产权与强迫技术转移。随后，2018 年 1 月初，特朗普政府宣布对进口洗衣机和光伏产品征收高达 30% 和 50% 的关税，虽然该关税政策并未指明针对中国，但中国、韩国等亚洲国家所受影响最大，此时美国意图已十分明显，中美贸易战初现端倪。2018 年 2 月 27 日，美国国际贸易委员会宣布进口中国铝箔确实伤害美国产业，商务部将对中国产品征收反倾销和反补贴税。由此可见，美国针对中国的意图昭然若揭。在此阶段，中方秉持一贯的合作态度，积极主动地与美方沟通，希望美方能够实事求是地看待问题，从双方的共同利益出发，避免不必要的争端。

3.2 爆发期

2018 年 3 月 9 日至 2018 年 4 月 8 日为中美贸易摩擦的第二个阶段。在此阶段，美国开始蓄意对中国进口商品加征关税，中国毫不示弱，也及时对美国进口商品加征关税予以反击。由此，中美双方的关税贸易战拉开了序幕。3 月 9 日特朗普签署关税法令，对进口钢铁和铝产品分别征收 25% 和 10% 的关税。“3 月 22 日，特朗普政府进一步宣布因知识产权侵权问题对中国商品征 500 亿美元关税，并实施投资限制。至此，美国政府针对中国的贸易壁垒行为已十分明显”（张成虎、杨梦云，2018：94）。与此同时，中国政府一改以往的态度，于 3 月 23 日迅速强硬地进行回应。作为反击，中国商务部发布了针对美国进口钢铁和铝产品的中止减让产品清单，并计划对价值 30 亿美元的美国产水果、猪肉、葡萄酒、无缝钢管等 100 多种商品征收关税。在这一阶段，中美双方开始相互增加进口商品的关税并扩大增税范围。

3.3 逆转缓和期

中美贸易摩擦的第三个阶段即逆转缓和期是从 2018 年 4 月 8 日到 2018 年 6 月 15 日。在这段时间里，中美贸易摩擦的局面逐渐发生了变化。4 月 9 日特朗普在推特上表现出对习近平主席和中国的尊重，不仅表达了他对中国消除贸易壁垒的期望，还暗示两国在知识产权问题上达成了协议，似乎是在提议双方都应该后退一步。由此开始，美方对贸易摩擦问题态度明显缓和，形势出现逆转。在该阶段，中美双方高层进行了多次贸易谈判，并取得了一定的成果，5 月 19 日国务院副总理刘鹤在美访问期间表示中美双方达成共识，不再打贸易战，并停止互相加征关税。6 月 7 日，美国商务部正式宣布与中国中兴通讯公司达成新和解协议。众所周知，美国商务部在四月份对中兴通讯（ZTE）实施了为期 7 年的出口禁令，此举已导致该公司许多业务崩溃，给两国和世界都造成了混乱。一系列的中美高层对话在很大程度上消除了中美之间爆发全面贸易战的可能,符合两国人民和世界人民的利益。此阶段,美方首次释放出了希望谈判的信号,中美贸易摩擦正在走向缓和。

3.4 持续期

2018 年 6 月 15 日至 2018 年 12 月 6 日为中美贸易摩擦的第四个阶段。6 月 15 日过后仅仅一周美国突然公布了将加征 25% 关税的 500 亿美元中国进口商品清单。特朗普政府这一举动打破了之前中美双方多次谈判所取得的共识,美国此次出尔反尔,重新启动了贸易战,中美贸易关系再次变得紧张起来。面对特朗普政府的反复无常,中国政府坚持认为谈判是解决贸易争端的最佳途径,贸易战不会让任何一方毫发无损。同时中国表示不愿卷入贸易战,但中国不害怕争端,中国有能力捍卫自己的权益。如果美方继续提高关税,中方也将迅速采取措施反击以此捍卫国家的核心利益和人民的利益。该阶段,中美双方又继续了相关的贸易限制活动,中美贸易摩擦依然正在持续进行中。

4. 中方的三个整体立场

4.1 秉持合作共赢精神

礼之用,和为贵。"中国的发展是以'和为贵'的优秀文化传统为底蕴的。中华民族的文化传统不是外向型的,而是自省、内敛型的;不是竞争式的,而是和合式的。中华民族文化讲求'天人合一',追求对内和谐,对外和平,中国不具备对外侵略扩张的思想基础,不具备衍生强权思维的遗传基因"(彭光谦,2005:25)。中国文化历来以和为贵,在外交方面也是如此,中国始终努力与其他各国都保持和平友善的关系。21 世纪以来随着经济全球化的发展,世界各国间的经贸活动日益频繁,与此同时,贸易摩擦也随之而来。2018 年中美贸易战成为全球焦点,中美双方都面临着前所未有的挑战,中国如何应对这场贸易战也受到了国际社会的广泛关注。

通过对语料的检索分析,发现在这场贸易摩擦中中方的一贯立场就是坚定不移地秉持合作共赢精神。语料库高频词一栏显示,"cooperation"高达 96 次,"relations"高达 120 次。再删掉序列中无意义的虚词如"the""and""of""to"等词外,发现"relations"可以排到 18 位、"cooperation"排到 25 位。而位于"cooperation"之前的实词多为与中美贸易摩擦相关的主题词,如"China""US""trade""war""economic"等词,由此可见"relations"与"cooperation"值得重点关注、仔细推敲。

以"relations"为检索词,得到关于"relations"的 120 条索引行。通过仔细阅读索引行,发现"relations"常与"trade""economical""diplomatic""change""affect""undermine""deteriorate""uncertainty""redefinition""strained"等词搭配,短语有"a new type of""at a low ebb”“at crossroads”“the ups and downs”“entering a new stage”“an inflection point”“a turning point”“suffered setbacks”等，即所搭配的动词意义大多为“改变”“影响”“减弱”“恶化”等含有消极负面意义的动词，短语则为“转折点”“十字路口”“新型的”“处于低谷”等处于变化中的词。通过观察，可将它们分为评述性搭配词、描述性搭配词和组织性搭配词三类。

（1）评述性搭配词：“uncertainty”“redefinition”“strained”“a new type of”“at a low ebb”“at crossroads”“the ups and downs”“an inflection point”“an turning point”等。这些搭配词对“relations”进行评论，它们具有普遍消极的内涵意义。“strained”“at a low ebb”表明关系变得紧张，处于低潮期。“uncertainty”“at crossroads”则表明了关系的不确定性。此类词营造出一种消极、担忧的氛围。

（2）描述性搭配词：“trade”“economical”“diplomatic”等。这些搭配词说明“relations”所属的类型，即围绕贸易、经济、政治关系展开。这正与本文主题相呼应。

（3）组织性搭配词：“change”“affect”“undermine”“deteriorate”“entering a new stage”“suffered setbacks”等。此类词主要是一些动词搭配词或词语，主要表示具体的动作意义。“change”“deteriorate”表明关系正在发生改变且往不好的趋势发展，“entering a new stage”说明关系进入了一个新的阶段。这类搭配词同样表明了关系的变化甚至恶化，无疑能引起人们的忧虑与重视。

由此可见，“relations”吸引着消极搭配词，故“relations”在文本中的语义韵偏向消极。可以看出中方对中美经贸关系的一个新的定位，即目前中美贸易关系发生了改变，进入了一个充满不确定性的新阶段。但是与此同时中国仍然高度重视中美之间的经贸关系。分析“relations”的索引行句子如下：

[1]“after the Sino-US relations moved to a new stage, the role of economical and trade cooperation, which serve as a stabilizer between relations of the two countries, has become even more important than before”.

(*China Daily*, May 25, 2018)

[2]“the stability of Sino-US economical and trade relations is not only related to the interests of both sides, but also to the world development”.

(*China Daily*, August 29, 2018)

[3]“economic and trade relations have always been the ballast stone and propeller of China-US relations”.

(*China Daily*, September 25, 2018)

在这些句子中，“stability”“stabilizer”多次反复出现，表明“稳定”是中国政府在中美关系中一直强调并努力追求的，而且中美经贸合作可以成为中美关系的稳定器和压舱石。因此，中美经贸合作的重要性不言而喻。简单来说，中美经贸关系对于中美关系的正常发展有着重要的现实意义，但是由于贸易摩擦的出现，中美关系发生了改变，双方关系需要重新定义。

处于转折点阶段的中美关系对双方都是一个巨大的挑战,而中国坚信双方的经贸合作可以作为中美双方关系的稳定器。又如:

[4]“China has also been firmly promoting the healthy development of China-US economic and trade relations”.

(*People's Daily*,September 25,2018)

[5]“it is true that China remains committed to developing Sino-US economic and trade relations”.

(*China Daily*,September 27,2018)

[6]“trade relations between China and the US should be mutually beneficial and they have always been mutually beneficial”.

(*China Daily*,March 26,2018)

可以发现中方一直坚定提倡并致力于中美经贸关系的健康发展,合作始终是中方的基本态度,中方认为中美经贸关系应当是互利互惠的,而其前提是需要双方的共同合作。由于贸易摩擦的出现,中美经贸关系进入了一个转折点,而此时中方依旧秉持合作态度来努力维持健康良好的经贸关系。

“cooperation”是另一个高频词汇,检索“cooperation”发现它多与“trade and economic”“China-US”“highlight”“promote”“enhance”“uphold”“believe”“encourage”“deepen”“emphasize”“benefit”“win-win”“long-term”“mutual”“only”等词搭配。据上可知合作主要是指中美双方的经贸合作,而这也正呼应了中美贸易摩擦这个主题。而这一系列相似的带有积极意义的搭配动词如“强调”“促进”“加深”“双赢”,反映了对“cooperation”的鼓励与支持,可见该词偏向积极语义韵。通过观察,可将它们分为评述性搭配词、描述性搭配词和组织性搭配词三类。

(1)评述性搭配词:“benefit”“win-win”“mutual”“only”等。该类对“cooperation”评论的词都具有积极的内涵意义。“benefit”“win-win”明显说明了合作是互利共赢的。“only”一词则说明了合作的重要地位,可见与“cooperation”所搭配词都是积极正面的。

(2)描述性搭配词:“trade and economic”“China-US”“long-term”等。该类词说明了合作的具体性质,即以中美经贸合作为核心。

(3)组织性搭配词:“highlight”“promote”“enhance”“uphold”“believe”“encourage”“deepen”“emphasize”等。组织性搭配词大多是一些动词搭配词,其占搭配词的比例相对较大,而内涵意义却大都相似,即表达了对合作的高度赞许和肯定。

可见,除第二类搭配词外,“cooperation”的搭配词几乎全都属于积极词语,是对“cooperation”的强调与肯定。中方对中美经贸合作持积极肯定的态度,认为中美双方应该加强经贸合作,合作是中美双方唯一的正确选择。分析如下句子:

[7]“the escalation of aggressive trade policies will make Sino-US cooperation

unprecedentedly difficult".

(*China Daily*, March 15, 2018)

[8]"exploring ways to realize mutual benefits and win-win cooperation through negotiations is particularly urgent".

(*China Daily*, March 15, 2018)

[9]"the mutually beneficial cooperation between China and the US still draws politician from both countries to come to the negotiation table again and again ".

(*Global Times*, June 13, 2018)

可以看出美方激进的贸易政策成了中美合作中最大的障碍,中美双方当前的合作还是要回归到谈判桌上。由此说来,合作需要中美双方进行协商,同时美方应放弃对中国实施侵略性的贸易政策。

毫无疑问,中国所倡导的合作是基于双方共同利益之上的,正所谓合作互赢。检索"win",发现它总共出现 59 次,通过它的索引行发现有 48 次是"win-win"、1 次"both sides win"、1 次"both win"。其后的名词多为"cooperation""approach""outcome""result""situation"等词。"mutually"出现 15 次,有 14 次是出现在"mutually beneficial"的搭配中。此外,"mutual"出现 20 次,多与"benefits""respect""trust"搭配,据此可以表明中国政府并没有一味地强调自身利益,而是追求中美双方的共同利益,而这也再次证明了合作共赢的精神。

虽然中美贸易摩擦给中美经贸关系乃至中美关系带来了前所未有的挑战,但中美经贸关系本质上是互利共赢的,给两国人民带来了许多实实在在的利益。因此,中方一直秉持着合作的态度,希望中美双方能通过谈判协商的和平方式来解决双方的分歧,为双方关系的正常化而努力。

4.2 中国不想打贸易战,也不会带头发起贸易战,但也不害怕贸易战

贸易战没有输赢,只会给中美两国和世界经济带来灾难。面对此次由美国单方面发起的贸易战,中国政府始终秉持合作的态度,不主动挑衅、不主动升级贸易战,期望通过和平对话的方式解决争端,但中国政府在坚持合作的同时也会积极采取相应的措施来捍卫国家和人民的利益。"中美双方经贸关系的长期合作与发展离不开双方在谈判过程中的妥协,但是对美方提出的无理要求,特别是涉及损害中国利益的,中方坚决反对"(张雨、任龙,2018:50)。

利用 Antconc3.5.7w 软件对所收集的 83 篇语料进行检索分析,"measures"是出现 91 次的高频词,经过对其索引行的阅读分析,发现其中有 20 次是围绕美国对中国所采取的压制措施,19 次是中国对美国所采取的反措施,"countermeasures"一词也出现了 20 次,相似的频率可以说明中国在面对美国的挑衅行为时并没有示弱,而是第一时间采取相应措施予以反击,这也进一步反映了中国在国家利益问题上绝不会妥协退让的强硬态度。"against"是出现

71 次的高频词,大多数都是围绕美国针对中国,其中有 10 次是关于中国对美国的回击,如"China hit back against the US' unilateral moves with tit-for-tat tariffs on a long list of US products"。"necessary"在该语料库中共出现 19 次,其中有 15 次是围绕中国对美国采取必要的措施,如:

[10]"China has no intention of bullying foreign nations, but it will take necessary countermeasures to defend the country's dignity and the interests of its people".

(*People's Daily*, August 7, 2018)

此外,afraid 出现 9 次、fear 出现 7 次、fears 出现 7 次,其中共有 16 次是表达中国不害怕这场贸易战的,如:

[11]"China does not expect a trade war, as no side will win, but if the country is forced to, it has no fear of one".

(*People's Daily*, March 26, 2018)

[12]"China does not want to fight a trade war, but China is not afraid to fight a trade war and will fight it necessary".

(*People's Daily*, September 25, 2018)

"fight"一词总共出现 30 次,主要是围绕"fight a trade war"展开的,表示中方态度的有 29 条,"fight back"出现 11 次,如"China has the confidence and capability to fight a trade war"表明了中方对打赢这场贸易战的高度自信,又如"with its threatened tariff hike, and China will fight back once the tariffs kick in"可以看出,面对美国的肆意加征关税,中国表示会立刻采取相关措施予以反击。面对美国的公然挑衅,中国有信心、有实力、有底牌,在任何贸易战面前给予强有力的反击,让美国为自己不负责任的霸道行为付出代价。

简言之,中国无意卷入贸易战,但绝不畏惧贸易战,如果被迫卷入贸易战,中国会采取有力措施来进行反击。

4.3 提升自身实力

在中美双方共同努力之下,中美贸易谈判取得了一定的进展,中美贸易摩擦的局面也相对缓和。然而,2018 年 6 月中旬特朗普政府出尔反尔,美国再次对中国商品加征关税,打破了之前的缓和局面,局势再次变得紧张起来,中美贸易摩擦也再次升温。因此,面对美方在这场贸易摩擦中反复无常的做派,中国政府除了坚持合作谈判的方针之外,还需更多的对策来提升自身实力从而更好地应对这场贸易摩擦。同样利用 Antconc3.5.7w 软件对所收集的 83 篇语料进行检索分析,从这些语料中可以发现中方在这场贸易摩擦中用以提升自身实力的几大对策。

坚持改革开放是中国提升自身实力的第一步。"opening"在语料中总共出现了 67 次,其中"opening-up"的搭配出现了 59 次。"open"出现了 28 次,其后多接"up""doors""market"。

"reforms"出现11次,"reform"出现53次,其中有28次是以"reform and opening-up"的形式出现。"改革开放"出现的高频率在一定程度上可以表明中国对它的高度重视。观察"reform and opening up"的索引行发现与其搭配的动词多为"further""promote""deepen""accelerate"等积极意义的词,"deepening"在语料中总共出现10次,其索引行显示所搭配的词皆为"reform"。这也表明"reform and opening up"的语义韵偏向积极、中国对改革开放政策的鼓励与支持。正如:

[13]"China will continue to resolutely deepen reform and expand opening-up at its own pace, to maintain healthy and stable economic development".

(*China's Daily*, September 22, 2018)

中国在这场贸易摩擦中将会继续坚定不移地深化改革、扩大开放以保持自身经济健康稳定地发展。中国将对市场进行改革,扩大内需,促进国内消费需求对经济的拉动。对外开放是中国的一项基本国策,中国需要坚持对外开放,寻求更多的合作伙伴。如:

[14]"China is firmly committed to mutually beneficial cooperation with developed and other developing countries, and will continue to strengthen economic exchanges with countries other than the Us".

(*China Daily*, September 27, 2018)

[15]"The domestic market will not be opened solely to US products and services; it will be opened to other countries equally".

(*Global Times*, June 4, 2018)

以上两句表明中国会继续对其他国家开放市场而不仅仅是美国,并会努力与欧洲国家和金砖国家建立起更加紧密的合作关系。

加强自身高科技产业的发展是中国提升自身实力的第二个对策。美国针对中国所展开的"301调查"剑指"中国制造2025计划",美国以知识产权问题发难,指责中国不公平收购美国技术的行为和政策。中美贸易战表面上是贸易之争,实际上是高科技产业之争,是以知识产权为核心的科技实力之争。因此,可以说美国发起这场贸易战的实际目的是压制我国高新科技的发展。近年来,中国在中美经济科技合作中受益良多,自身科技取得了惊人的进步,美国由此而感到恐慌,称中国快速的技术进步是"窃取"了美国的技术,指控中国侵犯其知识产权。鉴于此,我们需要意识到我国在顶尖技术和高端制造等方面的不足,中国需要鼓励知识产权的创新,加强自身高新科技产业的发展,把"中国制造"转变为"中国创造"。在这83篇新闻报道中,"technology"出现了62次,"technologies"出现了8次,"innovation"出现了24次,它们多与"transfer"搭配。如:

[16]"The real battle is a strategic clash over innovation and technology".

(*People's Daily*, October 15, 2018)

[17]"we can also strengthen cooperation with high-technology markets such as European

countries and Japan".

(*Global Times*, April 19,2018)

这两句表明贸易战是围绕创新和技术所展开的,在高新技术发展的问题上,中国可以在加强自身创新能力的同时积极与其他国家如欧洲各国和日本展开合作交流,争取早日实现科技自主。

面对这场由美国单方面挑起的贸易战,中国应该化被动为主动。中国需从自身出发,只有提升自身实力方可在这场贸易战中处于不败之地。提升自身实力主要从两方面进行,一方面需要坚持改革开放,另一方面需要加强科技创新。

5. 结 语

本文主要以 2018 年中美贸易摩擦期间《中国日报》《环球时报》和《人民日报》英文版对中美贸易摩擦的报道为研究对象,利用 AntConc3. 5. 7w 语料库检索软件对新闻语料进行检索,以语义韵分析方法为理论指导,从语言层面出发分析新闻报道后的中国态度与立场。最终得到中国对待这场贸易摩擦的三个立场,一是秉持合作共赢精神;二是中国不想打贸易战,也不会带头发起贸易战,但也不害怕贸易战;三是提升自身实力。2018 年中美之间发生了频繁且严重的贸易摩擦,对双方经贸关系都是一次很大的挑战。中国政府此次的应对策略与以往不同,除了坚持合作对话之外,面对挑衅时也积极回应、迅速反击,并关注国内发展、提升自身实力来应对这场由美国发起的贸易战。总之,在全球化的背景之下,中美经贸摩擦很可能会变成一种常态,中国应该未雨绸缪,建立应对贸易争端的协调应对机制,这对中美两国贸易健康、稳步发展具有重大意义。

参考文献

戴翔, 张二震, 王原雪, 2018. 特朗普贸易战的基本逻辑、本质及其应对[J]. 南京社会科学(04):11-17.

付玉萍, 2010. 语义韵研究 20 年概述[J]. 语言文化研究(04):152-155.

卫乃兴, 2002. 语义韵研究的一般方法[J]. 外语教学与研究(04):300-307.

吴光宇, 李曌宇, 2018. 中美贸易摩擦频发的诱因与策略[J]. 对外经贸实物(03):42-45.

张立真, 2018. 中美双边贸易摩擦产生的原因及应对策略[J]. 经济研究导刊(05):172-173.

张雨, 任龙, 2018. 浅析中美贸易摩擦的原因及应对策略[J]. 经贸观察(14):48-50.

张成虎, 杨梦云, 2018. 中美贸易摩擦的国际影响及中国应对策略研究[J]. 理论探讨(04):93-98.

边疆高校缅语人才培养的语言政策民族志研究[①]

李　佳　张　洁　凌丹霞[②]

摘　要:“一带一路”倡议提出以来我国高校非通用语种人才培养的数量和规模迅猛发展,学术研究群体不断壮大。目前对非通用语种的研究多为宏观层面的政策分析和思辨研究,缺乏微观层面的实证研究,特别是深入田野,对研究对象进行长期、细致、近距离观察的民族志研究。“一带一路”倡议背景下,我国边疆省份已成为国家语言战略发展的前沿核心地带和天然的实证研究基地。本文采用语言政策的民族志研究法,对一所西南边疆高校的大四缅语专业学生进行为期一年的田野调查,探讨国家非通用语的教育政策、高校缅语专业人才培养的管理和学生缅语学习实践之间的互动关系,揭示缅语教育政策的推广和执行在各个层面出现的问题,并为我国面向邻国的非通用语种人才培养提供相应的对策。

关键词:非通用语;缅语人才;边疆高校;民族志

1.引　言

“一带一路”倡议背景下,我国的非通用语[③]人才培养已成为国家安全战略的重要组成部分,同时也是衡量国家外语能力建设的重要指标(沈骑,2015:9;文秋芳,2016a:23)。然而和发达国家相比,我国对非通用语种的重视不够,对涉及和国家安全利益密切相关的非通用语种建设起步较晚,发展规划较为单一,“英语大一统”的现象十分普遍(李宇明 2010:2)。近年来在“一带一路”互利共赢的理论倡导下,我国加大了“民心相通”的语言战略建设,非

① 本文是云南大学国家社科培养项目“‘一带一路’背景下非通用语种人才培养路径的实证研究”(18YNUGSP015)和云南大学外国语学院科研资助项目“面向邻国的外语人才培养的实证研究——以云南大学为例”的阶段性成果。

② 李佳,云南大学外国语学院副教授,研究方向:社会语言学。
张洁,中南财经大学外国语学院副教授,研究方向:社会语言学,跨文化交际。
凌丹霞,云南大学外国语学院硕士研究生,研究方向:社会语言学。

③ 非通用语也称为“小语种”,其含义遵循2000 年教育部《关于申报外语非通用语种本科人才培养基地的通知》,在我国学术界“非通用语”已被普遍接受和使用。

通用语种的人才培养数量、规模迅猛发展，学术研究群体不断壮大。

2.“一带一路”倡议背景下非通用语人才的培养规模和研究现状

“一带一路”沿线65个国家，约44亿人口，语言资源异常丰富，其官方用语一共53种（王辉、王亚蓝，2016:13）。目前我国涉及沿线各国非通用语人才培养的高校大部分集中在北、上、广传统的外语院校（王雪梅、赵双花，2017:91），但无论是非通用语种建设数量方面还是人才培养质量方面都不能满足我国向外推广的语言战略需求。为响应国家战略，教育部将专业设置审批权下放省级政府，预计2020年以前将建设99个非通用语种专业，全面覆盖和我国建交国家相关的语种专业（文秋芳，2016b:26）。

就非通用语人才培养模式看，我国高校依托自身资源采用多层次、多元化、多渠道三种方式培养非通用语专业人才，建立了“复语型”和“复合型”两种培养模式。“复语型”的培养模式，即“非通用语＋英语”，学生在主修一门非通用语专业的同时主修或辅修英语。“复合型”的培养模式，即“非通用语＋专业”，基于我国社会需求和对象国所需的人才专业，在学习一门非通用语的同时选修或辅修金融、法律、贸易等专业。近年来，许多非通用语专业在边疆高校陆续建立（张敏、张吟松、郑青青，2016:104；贾春燕、郭建荣，2017:18）。我国边疆高校利用自身的地理优势，与邻国高校共同办学，派遣非通用语种专业学生到对象国进行一年或半年的留学，以提高学生的语言应用能力、了解对象国的国情以及扩大学生的国际视野。

随着我国非通用语种专业建设数量的快速发展，其科研总量也呈现逐年上升的趋势。以2018年9月为节点，以“非通用语”和“小语种”为主题词，从中国知网中搜索2000—2018年的文献一共有1 245篇。“一带一路”倡议提出以来，我国关于非通用语方面的文章急剧上升，从2015年到2018年，以每年大约100篇的数量发表在各大期刊杂志上（见图1）。

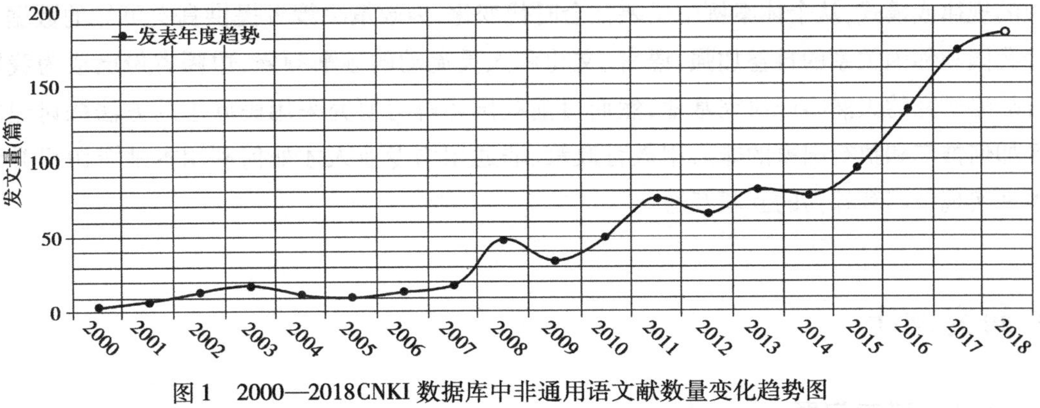

图1　2000—2018CNKI数据库中非通用语文献数量变化趋势图

虽然我国非通用语专业建设已上升至国家语言战略层面，研究数量逐年增加，但其重要性还未受到国内外语类核心期刊的重视，在调查的1 245篇文献中，仅有少数几篇论文发表在《外语教学》《中国外语》等外语类核心期刊上。就目前全国缅语专业开设的地理分布情况看,云南是全国开设缅语专业或缅语教研室布点最多的边疆省份(王晋军, 2015:200)。本文笔者之一就国内的缅语教学大纲和缅语教育政策等信息曾走访云南省开设缅语专业重点高校如云南民族大学、云南师范大学和云南大学,遗憾的是,至今我国仍未颁布全国统一的缅语教育政策文件。就缅甸教育政策和缅语教学的文献情况来看,研究多关注“缅语语言特征描述”(黄树先,2003:22;钟智翔,2008:47),“缅文与英文、汉文以及跨境语言的对比研究”(杨汉鹏,2007:85;张云徽,2006:234),“缅文教学特点”(赖静,2014:10)等话题,至今未有涉及缅语专业人才培养的实证研究。缅甸是我国进入印度洋前哨、通往东南亚和南亚的重要屏障,同时也是我国突破美国马六甲海峡的资源围堵战略,解决能源安全问题的必经之路。鉴于缅甸的重要地缘政治以及云南省的地理优势,缅语专业人才培养既有利于维护我国边疆的安全和稳定,又能促进中缅之间的“民心相通”,保障我国在缅甸的国家利益。

3. 语言政策的民族志研究方法

民族志是国外语言政策和语言教育实证研究的主要研究方法之一(李英姿,2016:69;张天伟,2016:40)。我国应用语言学届已有学者展开民族志研究,但大部分的民族志研究成果属于评价性文章(裘晨晖,2015:74)。语言政策的民族志研究(ethnography of language policy)强调语言政策的研究不能离开观察探讨个人语言实践和国家、社区等语言政策之间的互动关系,强调语言政策执行过程中个体能动性的作用(Hornberger et al,2018:152; McCarty, 2011:15;Johnson, 2011:10)。其研究方法注重田野调查,即研究者以参与者的身份进入机构里调查,和受访者一起学习、生活、互动,通过长期的参与者观察、群体或个人访谈、问卷调查、田野笔记、文件收集、故事叙述、网上互动等方法收集大量数据,通过各种语言学分析方法(包括批评话语分析、内容主题分析、立场分析等方法),从大量的数据中找出呈现的规律或模式,从个体案例中反映社会时代变化,为政策决策者提供真实可靠的数据。随着我国和邻国关系的日益加强,语言、文化和人员流动的逐渐频繁,边疆省份已成为我国语言战略研究的天然实证研究基地,然而目前我国还鲜有研究采用民族志的方法探讨边疆地区如何推广和执行国家的非通用教育政策、非通用语专业人才如何利用本地资源提升语言水平实现中国和邻国的互联互通。

4. 研究设计

4.1 研究问题

本文对我国云南省某重点高校缅语专业学生的学习经历开展民族志调查,探讨国家非通用语的教育政策、高校对缅语人才培养的管理、市场对缅语人才的需求和个人缅语学习实践之间的互动关系，具体分为以下三个研究议题：

(1)缅语专业学生如何理解学习缅语的价值？

(2)边疆高校为培养缅语专业人才提供了哪些学习资源？

(3)缅语专业学生采用哪些个人能动性策略提升缅语水平和就业前景？

4.2 研究对象和过程

2017年9月到2018年7月笔者对云南省某重点高校的缅语专业大四学生进行了为期一年的民族志研究。该校自2014年9月份开始招收第一届缅语专业学生，有14位女生和9位男生，一共23人，学生大部分来自西南边疆省份，少量来自中原其他城市。该校的缅语人才培养采取“2+1+1”的中外合作办学模式，即缅语专业本科学生在中国高校学习缅语两年之后赴缅甸合作高校学习一年，大四回国继续完成本科学历。

在研究调查过程中，研究者记录田野笔记、拍照和收集相关纸质材料，观察参与者的课内外活动，参加相关学术讲座和人才市场招聘会，倾听他们的学习生活故事及缅甸留学生活经历。研究者还搜集了参与者的学习成绩、家庭背景、语言背景以及家长期望等相关信息，并开展了半结构访谈，了解他们对学习缅语、汉语和英语的态度，以及求职经历。为了丰富数据，参与者还提交了语言学习自传，描述大学四年的语言学习经历。数据收集过程中，研究者对数据进行转写、整理、归纳、分类，并采用内容分析方法提炼主题。由于篇幅所限，本文引用的数据均以双引号里的内容为据，不再具体列出数据类型和收集日期。

5. 缅语专业人才培养实践

5.1 入学初期缅语专业学生的学习困难和专业身份的认同困惑

缅语专业学生几乎都是零起点，要在四年内熟练掌握一门语言需要克服多重困难。首先是语言本体上的困难，包括两种语言在发音、语调上的显著区别。其次，缅语里有大量的英译词汇和佛教词汇，要掌握这类缅语词汇需要具备相关历史文化知识。缅语与英语的语码混用常见于法律文体和官方话语里。英语借词和混用现象使得缅语专业学生在学习缅语的同时必须兼顾“缅式英语”，增加了其语言学习负担。此外，国内缅语学习资源和学习工具匮乏。和国内英语学习资源相比，缅语的学习资源非常有限，教材编写和辅助工具研发都比较滞后。部分缅语专业学生会抱怨使用“二手”复印教材，学生们找不到可以扩展知识面的教辅资料，只能“死记硬背”仅有的课文内容，极大地影响了缅语学习的成效。为了克服以上困难，接触新鲜的缅甸语言文化，缅语专业学生采取了很多主观能动策略，包括专门购买支持缅文字体的手机，从网上了解相关国情文化信息，观看缅甸电影和学习缅甸歌曲等。

入学初期学生面临的另一个困难是对缅语专业前景的不认同。缅语专业大部分生源来自云南省,虽然云南省和缅甸接壤,但地理位置的相邻以及国家推进非通用语种人才培养的相关政策并没有深入到当地人的语言意识中。入学新生对缅语专业和缅甸国情缺乏了解,排斥和抵触情绪严重。采访数据显示,学生普遍认为"缅语属于落后国家的语言",学习缅语"没前途"。本研究参与者中有21位调剂生,仅有两位是自愿选择学习缅语。这两位学生来自中缅边境两个最大的贸易城市——瑞丽和腾冲,其家长或从事中缅贸易相关工作,或期望子女应聘缅语公务员职位,对缅语专业就业前景有信心。本研究调查的高校允许新生转专业,即学生入学后一年,可以根据大一的总成绩提出转专业申请,并参加资格考试,达到成绩要求方可转专业。接受调剂的缅语专业新生多打算利用"先入学,后转专业"的权宜策略改变专业方向。

入学初期缅语专业教师面临两项重要的教学任务:帮助"零起点"的学生顺利开启一门新语言的学习,同时消除学生对缅甸和缅语的偏见,树立对缅语专业的认同感。学生的访谈数据显示教师课堂上的话语以及师生之间高频率的互动是帮助缅语专业学生顺利度过茫然期、树立新目标的重要因素。针对缅语专业新生专业认同感低的现象,加之要保证缅语专业第一年招生的绩效生源,缅语专业教师在课堂上除了讲授缅语学习技巧和学习内容之外,还经常使用"缅语好就业,工资高"等以市场为导向的话语增加学生对缅语学习的信心。因此,第一年专业学习后没有一位缅语专业学生转专业。即使面对缅语零起点的多重困难,缅语专业学生也能发挥个人能动性积极寻找学习策略,提升自己的缅语水平。

5.2 高校构建多层次的缅语学习资源、培养学生对缅语和缅甸的多重认同

通过大一大二的专业课程学习,缅语专业学生逐渐了解缅甸国情、认同缅语价值。各种高层次学术讲座和校外实践活动拓展了学生们的国际视野,使其逐渐意识到缅甸的丰富资源和个人发展的机会。而大三的缅甸留学经历不但让学生们看到缅甸未来的发展前景,提升他们对中国和中文的文化认同,同时也认识到学习英语的紧迫性。

首先,学生通过参加与缅甸相关的学术活动和社会实践活动拓展了国际视野。本研究调研高校是国内第一所和缅甸建立孔子课堂的高校,拥有多个缅甸的对外汉语实习基地和来自缅甸的留学生。此外,这所高校拥有全国一流的"缅甸研究中心",经常为缅语专业师生提供各种高层次的论坛和对外实践机会。高端学术讲座有效提升了缅语专业学生的"家国情怀",树立了"东盟的区域一体化世界观",使其对缅语专业的认识上升到国家战略层面。学生们不但认识到提升缅语水平的重要性,对缅语产生兴趣、对专业有信心,而且还意识到缅甸是"潜力股",等待他们去开发。通过接触校内外专家讲座和社会实践资源,很多学生原有的对缅甸的负面看法发生了转变,"愿意慢慢了解缅甸这个国家,不再带有偏见地认为缅甸就是个贫穷落后的国家"。

其次,学习过程中学生对缅语的认知观念从原来的"那么小的小语种"转变为"和英语

一样是一门有魅力的外语"。缅语专业采用"2 + 1 + 1"的培养模式,即学生大一大二在国内学习,大三到对象国缅甸留学 1 年,大四返回国内完成本科学历学习。在这样的培养模式下,无论是学校学术讲座、相关文件宣传还是教师的课堂话语,"留学缅甸""外语人才"等成为缅语专业学生经常听到的关键词。在学习过程中,缅语专业学生逐渐转变了对缅甸和缅语的观念,认为缅语也和英语一样是一门有发展前景的外语。

再次,中外合作办学模式让缅语专业学生大三赴缅留学一年,有机会接触缅甸当地的社会文化。留缅经历让他们感受到中国在缅甸的影响力,增强对缅语学习的信心。但由于教学条件差、教学管理"松散"、授课内容"简单"、授课方式"死板"、授课课时"缩水"等问题,学生普遍反映缅甸合作高校的课堂教学收效甚微。在这样的条件下,学生们积极利用在缅留学课外时间自己寻找可利用资源融入当地社会。"买菜练习缅语""教当地人中文""当和尚, 做真正的缅甸人"成为很多学生提到的策略。通过半个月在寺庙出家当和尚,缅语专业学生不但提高缅语水平,融入当地民众生活,同时还塑造了中国人在缅甸的正面形象。正如一位学生在访谈中讲述:"和僧侣、缅甸本地人交流,很大程度提高了口语水平,拓展了知识面,后来在寺庙住持邀请下,我们三个同学直接在教中文的寺庙出家了半个月,这半个月,我们几乎成了缅甸人。同僧侣沙弥一样,每天早上起来念经、化缘,一起去河里洗澡,与缅甸人和小沙弥打成一片。每天早上去化缘的时候,只要住持向布施的施主说我们是中国来的,他们就非常开心,觉得我们认可他们的佛教,慢慢地,一个村子里的人基本上都认识我们了。"由于国内父母反对削发出家,缅语专业女生没法到寺庙出家当尼姑去融入当地文化,因此女生主要利用买菜购物和旅游的机会与当地人交流来锻炼口语。留学期间,缅语专业学生通过到当地孔子课堂下属学校教汉语,看到中文在缅甸的应用价值,同时也看到遍布缅甸的中国企业,感受到国家的强大。日常生活中,他们频繁接触到英语借词和缅英语码混用现象,大街小巷的英语语言景观随处可见,当地优质工作招聘往往要求缅语、英语和汉语三语能力。英语水平的高低成了影响学生缅语水平乃至就业前景的因素,学生们普遍意识到学习英语、提高英语口语的必要性。因此,除了采取个人策略提高缅语水平、融入当地社会以外,缅语专业学生还参加英语培训班,为个人将来在缅甸的发展提前做准备。

5.3 就业市场对缅语人才的多种需求

从缅甸返回国内后,缅语专业四年级学生开始在就业市场寻找各种工作机会,但求职经历让他们意识到缅语水平并不是衡量人才的唯一标准。缅语水平的高低、专业能力的展现、就业市场对性别的偏向、学校的就业资源、家长期待以及英语水平等成为制约缅语专业学生获取就业机会的多层面因素。

学生普遍反映自己的缅语功底不过硬,缺乏市场所需的综合能力。国内就业市场对缅语高级翻译人才确有需求,但很多缅语专业毕业生的缅语水平并未达到相应的要求,而其他岗位对缅语外的相关专业知识背景以及综合能力均有要求。一位学生反映了学校专业培养与就业市场需求的差距:“当时的想法是,专业一定要硬,以后才能找到好工作。但是书到用时方恨少,真正到了找工作的时候才体会到综合能力的重要性。英语水平、新闻编辑能力、销售能力等,都是和缅语水平同等重要的东西。学习缅语三年多,我切切实实地学到了一门语言,但是未来的路上,仅靠一门语言是不够的。”调研高校缅语专业学生无法达到“复合型”或“复语型”人才标准的主要原因与该校的课程设置有关。该校采用“2 + 1 + 1”的培养模式要求学生大三一年在国外学习。因此,大一大二的学习期间,学生必须修完所有主课、选修课和素选课,由于大三不在国内学习,辅修和双修学位的机会几乎为零,大四返回学校大部分学生忙于找工作,更无暇顾及任何辅修或双修课程,错过大三一年在国内补修另一门专业或英语的学习机会。

除了需要具备“复语型”或“复合型”的人才外,就业市场对性别的偏向往往限制了缅语专业女生的就业前景。缅语人才就业市场提供的很多职位都要求“驻外”,虽然“驻外”工资比国内高很多,但性别因素是阻拦缅语专业女生的最大障碍。面试时,很多“驻外”公司以“担心女生不能适应当地恶劣环境”为由将女生拒之门外。除了性别歧视问题,家庭传统观念也进一步限制了缅语专业学生的就业流动性和驻外工作的可行性。缅语专业学生大部分是独生子,很多学生家长期望孩子毕业后待在国内做份稳定工作,不赞成孩子长期“驻外”工作。而国内许多就业工作岗位多为文职或初级缅语翻译工作,工资低、待遇差,加之边疆地区人才市场竞争比内地更激烈,高校毕业生面临着更多竞争对手:包括来华的缅甸留学生和从小在缅甸边境长大的会说缅语的边民。很多缅语专业女生经历了高考后的“第二次茫然期”,为了“成全家长”“满足养活自己”的需求,一些学生不得不选择“退出缅语圈”,从事和缅语毫无关系的工作,也有学生选择考研缓解就业压力,这无形中造成了社会资源的浪费。

6. 缅语专业人才培养的问题与对策

通过对边疆高校缅语人才培养的民族志调查,本文探讨了国家非通用语教育政策的推广与学校对缅语人才培养的管理、就业市场需求和个人缅语学习实践之间的相互作用。本研究发现缅语专业人才培养的成败涉及多个层面的关系互动,包括国家层面对缅语人才培养的导向、高校提供的缅语学习资源、就业市场对缅语人才的定位以及学生对缅语专业的认同以及学习投入等,因此需要处理好这些关系,平衡宏观、中观和微观层面的矛盾,才能为缅语人才培养困境提出合理的解决方案。

6.1 协调高校经院式人才培养和市场多元化需求的供需关系

在国家“一带一路”倡议背景下,教育部将非通用语种招生审批权下放到各省,国内众高校响应国家号召纷纷开设缅语专业。有学者(文秋芳,2016b:26)担心高校“一哄而上”的过量招生会导致就业难题,本研究证实了这类问题的存在。面对市场上大量的缅语毕业生,加上边境城市懂缅语的非学院派求职者的激烈竞争，单靠缅语能力已经不能满足市场需要。高校作为缅语人才的培养机构应该转变教育观念，除了传授缅语专业知识外，还应对市场进行调研，更新教学内容、调整培养方案，实现市场和高校人才培养的顺利对接。针对市场对缅语人才综合能力的需求，高校在缅语人才培养方式和方法上可采取多种形式多层次的路径：对英语基础比较好的学生建议往"复语型"的路径发展，并提供相应的英语和缅语学习资源的互惠互助，实现英语和缅语学习资源在校内的有效流通；对"复合型"人才，高校应利用其综合学科学习资源为缅语专业学生提供市场所需的专业课程，并在课外搭建更多专业学习和实践的平台，帮助学生积累相关专业知识和实践经验，实现高校人才培养和市场的有效对接。

6.2 通过高校和教师帮助学习者树立缅语资源观

我国外语人才培养长期偏重于英语教育（李宇明，2010：2），导致"一带一路"沿线发展中国家非通用语教学资源匮乏，学生和家长往往对这些非通用语的语言价值和就业前景认同感低。作为非通用语种的管理层，高校和教师可以发挥"协调者"（negotiator）的作用，通过"教师课堂话语"的输入和高校提供的学术讲座和社会实践平台等，从国家视角普及与缅甸相关的知识，竖立学生对缅语学习的信心，提高学习者的国际视野。通过本文对缅语专业学生入学时、学习中段以及后期对缅语和缅甸国家认同的变化表明，高校的语言管理可以辅助国家语言政策，帮助学习者重新树立正确的语言价值观，而这样的转变也让学习者充分看到缅甸的丰富资源，并发挥个人主体性有目的地积累社会资源，扩宽未来的就业渠道。

6.3 转变就业单位和家庭的传统文化意识

"一带一路"倡议背景下，我国的外语人才走向不再是单向式地基于国内所需，而是双向式流动（沈绮，2015：9；文秋芳，2016b：26）。鉴于我国已成为东南亚各个国家的最大贸易伙伴和投资国，以缅甸为例，中国进入缅甸的企业急需缅语专业学生，就业市场往往需要能胜任"驻外"型工作的缅语人才。因为要"驻外"，用人单位对人才的选择和学生家长对"驻外"的理解直接影响缅语专业学生的就业前景和结局。因此，就业单位应该改变对女生的性别歧视观念，以能力而非性别挑选人才，同时有关部门也应做好监管工作，确保人才应聘市场的良性循环；为了满足我国驻外人才的需求战略，学生家长也应该更新传统观念，打破"养儿防老"的传统意识，提升国家情怀，使我国"一带一路"倡议中的语言战略在中观和微观层面得以顺利实施。

6.4 边疆地区非通用语种人才的"一贯式"培养路径

针对零基础的缅语学习困境，鉴于国家急需培养高端缅语人才，本研究建议利用边疆地区邻国的语言资源，在中小学开展缅语教学，为高校打造国家高层次的缅语翻译人才，破除英语为唯一外语的边疆中小学教学模式。云南与缅甸有2 000多千米的边界接壤线,校内校外缅语学习资源比内地高校更丰富多元化,特别是和缅甸相邻的边境城市如瑞丽、腾冲,小学、中学都有很多来自缅甸的留学生。如果能在中小学阶段设置缅语选修课或者取代英语的大学入学体制,不但可以为我国高校输送更多技能扎实的缅语专业人才,也可以培养出符合外语教学规律的多元化的“复合型”或“复语型”人才,解决我国非通用语种人才培养的瓶颈。

7. 结　语

“一带一路”倡议中的语言战略推广涉及多个层面的语言政策规划:国家与国家之间,国家与传统社会文化之间,学校和市场之间以及国家和超国家之间的互动利益关系。本文从缅语专业学习者个人学习能动策略角度出发,探讨国家对缅语人才培养政策导向、高校缅语专业建设、就业市场需求和个人缅语学习实践之间的互动关系,分析影响个人语言学习和规划的社会文化语言因素,同时提出通过高校语言管理机制树立国内学生对非通用语种学习的信心和培养学生具有国际视野的策略,并提出我国缅语人才培养中要关注的问题及对策。虽然本研究仅以边疆地区的缅语人才培养为案例,但其研究结果可为我国的缅语人才培养顶层设计提供一手参考资料。边疆高校是非通用语种人才培养的重镇,也是我国与“一带一路”沿线国家语言文化交往的前沿,制订科学合理的“一带一路”沿线非通用语种人才培养的规划是成功实现区域经济一体化的前提,也是“一带一路”倡议落实的根基。

参考文献

MCCARTY T L, 2011 (ed.). Ethnography and Language Policy[M]. New York: Routledge.

JOHSON D C, Critical Discourse Analysis and the Ethnography of Language Policy[J]. Critical Discourse Studies (4): 267-279.

HORNBERGER N H, TAPIA A A, HANKS D H, et al. 2018. Ethnography of Language Planning and Policy[J]. Language Teaching,51(2): 152-186.

黄树先, 2003. 汉语缅语的形态比较[J]. 民族语文(4):22-25.

贾春燕, 郭建荣, 2017. “一带一路”背景下新疆高校非通用语发展研究[J]. 新疆教育学院学报(1): 18-23.

赖静, 2014. 缅文化在缅语教学过程中的导入研究[J]. 课程教育研究(9): 10-12.

李英姿, 2016. 语言政策研究中的民族志方法及启示[J]. 民族教育研究(5): 69-74.

李宇明, 2010. 中国外语规划的若干思考[J]. 外国语(1): 2-8.

裘晨晖, 2015. 国内应用语言学研究中民族志方法使用述评[J]. 语言教育(2): 74-78 +97.

沈骑, 2015. “一带一路”倡议下国家外语能力建设的战略转型[J]. 云南师范大学学报(哲学社会科学版)(5):9-13.

王辉，王亚蓝，2016. “一带一路”沿线国家语言状况[J]. 语言战略研究(2):13-19.

王晋军，2015. 中国和东盟国家外语政策对比研究[M]. 昆明：云南大学出版社.

王雪梅，赵双花，2017. “一带一路”背景下我国高校非通用语种专业建设:现状、问题与对策[J]. 外语电化教学(2):91-96.

文秋芳，2016a. 国家语言能力的内涵及其评价指标[J]. 云南师范大学学报(哲学社会科版)(2):23-31.

文秋芳，2016b. “一带一路”语言人才的培养[J]. 语言战略研究(2):26-32.

杨汉鹏，2007. 探析缅语中的英语借词[J]. 德宏师范高等专科学校学报(12):85-90.

张敏，张吟松，郑青青，2016. 全球背景下云南省高校非用语专业发展现状研究——兼谈云南农业大学非通用相关专业发展模式[J]. 云南农业大学学报(社会科学)(2):104-109.

张天伟，2016. 语言政策与规划研究:路径与方法[J]. 外语电化教学(02):40-47.

张云徽，2006. 论缅语与傣语的间接表达形式[J]. 云南民族大学学报(哲学社会科学版)(9):234-236.

钟智翔，2008. 论缅语语音发展过程中的结构关联现象[J]. 解放军外国语学院学报(5): 47-51.

英语专业学生阅读自主学习能力培养探索

王锦梅[①]

摘　要：社会的发展对英语专业学生的专业能力提出了更高的要求，阅读作为英语学习的重要输入途径，仅靠教师课堂讲授已无法满足人才培养的需要。本文旨在阐明英语专业学生阅读自主学习能力培养的必要性并探索培养策略，指出在教师引导下，利用丰富的网络阅读资源和先进的科技，可以让学生获得较强的自主阅读能力。

关键词：英语阅读；自主学习；能力培养

1. 引　言

根据《高等学校英语专业英语教学大纲》提出的培养目标，要把英语专业学生培养为具有扎实的英语语言基础和广博的文化知识并能熟练地运用英语在外事、教育、经贸、文化、科技、军事等部门从事翻译、教学、管理、研究等工作的复合型英语人才。进入新世纪，经济全球化、科技一体化、文化多元化、信息网络化的快速发展，对英语专业传统的教学理念提出了新的挑战；数字化、网络化等多媒体教学辅助手段在英语教学中广泛应用，对英语专业的人才培养提出了新的、更高的要求。对英语教师来说，除了帮助学生打下扎实的语言基本功外，要强化其自主学习能力的培养，并着力培养学生分析问题、解决问题的能力，提高学生的思辨能力和人文、科学素养，使英语专业学生真正成为我国新时代所需要的英语人才。

在学习英语过程中，阅读是一个重要的环节。有语言教育学家曾提出语言“习得—学习假说”理论，主张学习者主动输入语言信息，只有这样才能理解语言内涵，掌握和运用第二语言。阅读是自外而内获取、加工语言知识信息的过程即信息输入过程，同时也是一个学习的过程，它对输出产生很大的影响。

阅读是人们获取信息与积累知识的最佳途径，也是积累写作素材的重要过程，两者相互

① 王锦梅，云南大学外国语学院副教授，研究方向：英美文学与文化。

依存。大量的阅读是提高写作水平的基础,只有输入大量的语言信息,才能进行有价值的信息输出。学生只有进行大量的阅读,才能具有足够的语言经验进行信息输出,即写作的实践。长期以来,学生的写作水平,即实践能力难以得到显著的提高,信息的输出存在诸多障碍,包括词汇量不足,选词不当,词语搭配问题,句子结构混乱,段落模式和篇章结构不符合英语文章规范等。究其根源,上述问题的产生是语言信息输入量不足所致。因此,大量的阅读将会为写作储备丰富的语言知识,对学生提高英语写作水平起到积极的促进作用。目前各高校英语专业的阅读课因课时有限,教材缺乏时效性,成效欠佳。在这种情况下,需要培养学生自主阅读的能力,才能使"写"这一实践能力随之提高。

2. 阅读自主学习能力培养的必要性

"苏霍姆林斯基认为教育的真谛在于教会学生学会学习。学习应以促进人的自我潜能发挥为根本,以实现人的自由、自我、自主为目的,在教师指导下,学生积极主动发现知识、理解知识的过程,应以帮助学生学会学习,促进全面发展为目标,与外部环境的不断相互作用,使学生逐步建构起对外界的知识,不断发展、修正、完善自身的认知体系。自主学习是高等教育不可或缺的目标和方法"(尹振东,2015:152)。自主学习给人更大的发展空间,更广阔的选择,使人的潜能和创造力得到充分发挥,自主学习既强调学生自我监控、自我调节的能力,更注重学习策略的使用和学习方法的获取,使学生具备独特的思维和敏锐的反应,动态自我调整学习策略,激发学生不断探索、不断创新的动机,使学生对社会发展变化有更强的适应能力,从而更加高效自觉地学习。

大学教育不仅要传播已有的知识,而且要引导学生进一步实现知识创新。大学教学过程是一个探索知识的过程,学生作为获取知识的主体,主动获取知识并将其内隐的知识外化,创造性地将知识应用于社会实践,是进步和发展的关键,也是大学教育的本质所在。高等教育要转变教育观念,通过最新信息技术的应用,从传统的封闭式教育向现代开放式教育转变,重视学生自主学习能力的培养,增强学生的主体地位。自主学习可以让学生主动进入学习过程,取得行为复杂层次更高的成果,可以帮助学生形成自己的理解,有助于学生对内容进行推理、解决问题并进行批判性思考。自主学习能力是学生独立获取知识、内化知识并付之实际应用的能力,也是独立驾驭知识的能力。自主学习能力的培养是一个长期、循环、上升的过程。

就英语阅读教学而言,"由于种种客观原因,教学机构很难做到不断而及时地更新教材,这就造成一本教材用几年甚至十几年的现象"(李晓利,2004:38)。语言是社会和历史发展的一面镜子,词义是对现实现象的反映。社会的进步产生了一个新的事物或出现了一种新的现象,就要求语言出现一个新的词语来表达。语言会随着时间的推移和社会的进步而不断发生变化,如果一本教材用了十几年,它的语言和内容设置不可避免地会过时,从而缺乏时效性。另外,在传统的英语教学模式中,教师在很大程度上依赖教科书,较少结合实际充实一些和时事挂钩的教学内容,使教学失去许多功能性和时效性。

在阅读教学中,应以学生为主体,重在培养学生的自主阅读能力,而课堂教学所能涉及的阅读量并不足以达到英语学习所需。因此,课外的扩展阅读对于切实提高学生的英语阅读能力起着非常重要的作用。在把英语作为外语的教学环境下,广泛阅读可以弥补语言环境的不足。教师在阅读教学中要做的不仅是对语篇内容和知识的传授,更重要的是积极创造学生参与阅读活动的条件和氛围,培养学生正确的阅读方法和良好的阅读习惯,应尽量利用学生已有的语言知识和学习能力,针对学生不同层次的需求,选择题材广泛的阅读材料来扩大学生的阅读量和拓宽学生的知识面,提高学生的阅读能力。

学生阅读能力的提升要建立在阅读量积累的基础之上,阅读教学不同于其他教学,在阅读教学中,教师进行必要的引导,最终阅读能力的提高需要依靠学生自身的努力。通过大量的阅读,学生在此过程中构建属于自己的知识结构,进行信息的重组,不断地积累和总结、扩大词汇量、提高英语的运用能力。进行阅读必不可少的两个关键就是词汇和理解能力,而这两个方面的能力都需要进行充分的阅读和长期的积累,因此学生丰富的课外阅读对自身的阅读学习有极大的好处。在网络进入教育行业的今天,快捷的信息传播以及丰富的阅读资源都有助于高校英语阅读教学的实施,它能够为学生学习构建一个全新的平台。

3. 阅读自主学习能力培养的策略

“学习者不是信息的被动接受者,而是知识获取过程的主动参与者,学习活动的核心是使学生主动参与学习过程,成为学习的主人”(宋怡林,2016:114)。随着信息科技的快速发展,网络技术的革新给教育界带来了极大的信息和资源优势。未来的知识,不再是结构、线性的,而是扁平、网状连通的,网络环境下的自主学习是多元知识传播和人性化的学习过程,有利于学生的主动探索、主动发现、主动学习,有利于培养创造型人才。学生自主学习的自由空间较大,利用先进的信息技术营造良好的学习环境,易于调动学生学习的主观能动性,培养学习兴趣和创新思维。同时,丰富的网络资源不仅能够有效弥补在教育中使用教材的资源缺陷,信息技术的产生也有效地优化了传统的教学方式以及教学内容,为大学英语阅读学习带来新的局面。随着移动互联网的发展,在没有时间、空间限制的开放学习环境中,学生可以在任何时间、任意地点通过网络自由学习,具备了更大的选择性,体现了学习者的主体地位。

斯皮策在动机情境理论中指出:有效的学习取决于以往的学习体验及现有学习情境提供的诱因,创设一个富有激励性的学习环境,可以有效激发学习的愿望(Ellis,1995:84)。网络给人类社会带来了空前的变化,网络自主学习环境具有开放性、自主选择性、动态交互性等特点,利用多媒体具体生动地呈现知识,使学生在可感可触的真实情境中学习,新颖、独特、多样而富有趣味的教学形式,可达到事半功倍的效果,良好的学习情境,有助于提高注意力,唤起内心的求知欲,以饱满的热情投入学习。通过网络和多媒体技术,为学生提供先进、多样的学习资源,使学生随时随地都可以开展学习、讨论和研究,提高学生的自主学习能力、研究能力和创新能力,切实改变教师和学生在教学中的角色,实现以教师为主导、学生为主体、能力培养为核心的教学理念,给学生自主、自由的学习空间,为创新人才培养创造条件。自主学习环境增强了学生的主体意识,拓展了学生的独立精神、批评精神和创造精神,学习主体拥有知识获取的自主权,可以根据社会的需要和自身的知识积累、兴趣爱好、个人能力等,调整自己的学习方向,选择适当的学习策略、学习内容和学习进度,自由、独立支配学习时间,正确认识自己,明确学习目标,用持之以恒的意志控制、支配、调节学习行为,达到最佳和高效的学习效果,无论学生潜力有多大,能力有多强,都能给予充分施展才华的空间。

丰富的网络资源能为学生提供各种阅读材料,学生可以通过网络直接阅读有关内容,海量的阅读信息直接增加了学生的知识量,拓宽了学生的视野。网络资源还能弥补教材内容的不足,学生可以在网络上不断积累新知识、巩固旧知识。因此,丰富的网络资源在学生的自主英语阅读学习中能够起到极大的推动作用。

自主学习离不开教师的悉心指导,完全脱离教师的自主学习是盲目的学习。教师要根据学生已有的知识、经验、能力、个性等为其选择不同的学习方法和策略,引导学生积极参与,激发学习热情,主动建构知识,独立获取知识,开创性地应用知识解决实际问题。教师的积极反馈,使学生真正体验到学习的成就感和自豪感,不断增强自我效能,激发学习动机,在学习目标、兴趣、毅力、行为、情感等方面具有持久的动力。良好的学习策略可以使学生对学习任务、方法、过程有更好的认识、调节和控制。优化的学习策略能促进学生学习能力的发展,提高学习效率,取得最佳的学习效果。教师应有意识地教授阅读策略,帮助学生选择、优化阅读策略,不断扩大学生的元认知知识和提高元认知能力,为自主学习奠定基础。陶行知指出:先生的责任不在教,而在教学,在教学生学。教师要根据课程、教材和学生实际,主动为学生制订学习目标、创设学习环境、收集学习资源、传授学习方法和监控其学习进度,并对学习结果做出客观、合理的评价,使学生的自主学习更有成效。

在培养学生自主阅读的过程中,教师对语言材料的选择十分重要。首先,语言材料要具有时代性,符合现代社会的发展需求,并且也要结合当下学生的实际情况与学习需求而定。例如,英语新闻的表达形式本身就会随着时代的变化而不断更新,可以通过网络选择适当的新闻来拓展学生的知识面和提高学生的阅读兴趣。教师在这个过程中需要结合学生的情况以及时代的特征,挑选实用性较强的新闻作为阅读材料。其次,选择难易程度适中的内容。一篇文章的难易程度体现在以下几个方面:一是具有可理解性,确保学生能够理解、读懂文章的大致含义;二是包含已知的语言知识,这是保证学生能够读懂的前提;三是包含高于已知语言水平的知识,这是保证学生在读懂的前提下能力有所提升的关键。

如前所述,根据学生的实际情况,教师可以有针对性地选用一些与学生的实际需要相关的或者学生比较感兴趣的阅读材料。当前,各种各样的娱乐性和知识性的英语报刊、杂志、原声影像作品等使得学生的英语语言输入量和输入渠道比以往任何时候都大大增加,英语教师可以利用这些资源来丰富英语教学,增加教学的功能性、时效性和趣味性。

网络资源的丰富能够为学生学习英语带来极为便利的优势,因此在学习英语过程中应充分利用网络资源,培养学生的学习主动性和积极性。教师通过对网路资源和计算机技术的合理利用,为学生创建良好的英语学习环境和语言环境,在真实的情景中激发学生的学习兴趣,引导学生自主学习。教师在这个过程中是一个引导者的角色,应立足学生的实际情况为学生的学习做出指引,为学生做好学习策略的训练。教师对学生的引导应该针对不同的阅读类型做出不同的应对策略,在长期的阅读中帮助学生了解并掌握适当的阅读方式,从而培养阅读技巧。只有在阅读中把握住文章的核心内容,做到有的放矢,才能有效地提升阅读效率。

4. 结　语

网络环境下的自主学习已经成为高等教育改革的一个重要方向。自主学习平台的出现改变了学生的学习方式和教师的教学方式,对培养学生的实践能力、创新精神,提高学生自主学习能力、开阔视野都具有重要的作用。网络开放学习环境,使学生的学习不再受到局限,同时教师可以运用现代信息手段创设问题情境,引导学生大胆设想,积极思考,主动探究,确定有意义的学习目标,选择适合自己的学习方法和策略。教师要设计合理的评价指标,制订符合实际的学习计划,引导学生选择感兴趣的学习内容,在学习中主动挖掘个人潜力,亲身体验探究的艰辛,收获成功的快乐。在自主学习过程中,最重要的不是学生的学习结果,而是自主探索、建构知识的过程,学生应树立自主学习、终身学习的理念,才能更好地适应不断发展的社会需求。高等教育应着眼于培养学生独立分析、独立探索、勇于实践、大胆创新的品质,着力营造自主式、个性化的学习环境,帮助学生学会学习。

对英语专业学生而言,英语阅读训练是学生获得英语综合素质能力提升的关键。学生的阅读能力提升取决于阅读量的积累以及教师的合理引导,教师基于丰富的网络资源优势,选择适当的阅读材料对学生进行阅读训练,结合学生的实际情况,逐步提高学生的自主学习能力。构建良好的英语学习情境,激发学生的阅读兴趣,拓展学生的知识面,进而提升学生的阅读能力,提高学生英语综合素养。

参考文献

ANDERSON N, 1999. Exploring Second Language Reading[M]. Boston: Heinle Publishers.

ELLIS R,1995. The Study of Second Language Acquisition[M]. Oxford: Oxford University Press.

NUNAN D, 1991. Language Teaching Methodology[M]. New York: Prentice Hall.

黎宏, 2004. 阅读模式理论与大学英语阅读教学[J]. 西南民族大学学报(2):360-362.

李晓利, 2004. 英语阅读教学的功能性和时效性[J]. 语言教学与研究(6):37-42.

盛群力, 1998. 现代教学设计论[M]. 杭州:浙江教育出版社.

宋怡林, 2016. 大学生自主学习意识的促生与强化[J]. 现代教育管理(4):114-118.

王洪才, 2011. 心灵的解放与重塑——个性哲学的终身教育论[M]. 北京:教育科学出版社.

尹振东, 2015. 高校课改理念下自主学习模式创新构建[J]. 黑龙江高教研究(5):152-154.

英汉中动语态对比探析

王文俊[①]

摘　要:本文以中动语态为研究对象,基于英语和汉语的中动结构相关研究,对英汉中动结构进行对比,旨在探究和分析中动语态在这两类语言中的异同,以加强语言学习者对这一特殊语态结构的认识。英汉中动结构的基本构式存在相同之处也有不同之处。相似之处在于句子表层不能出现施事,主语必须为受事;谓语动词不能独立存在,需要一个状语来修饰;不同之处表现为句子形态和句子结构紧密度的差异,英语中动语态比较紧密,而汉语中动语态相对灵活。此外,感官动词不能构成汉语中动语态。

关键词:语法;语态;中动语态

1.引　言

英语语法中的语态(voice)表示的是句子主语同谓语之间的语义关系。当主语(subject)是施动者/施事(the agent)时,谓语动词属于主动语态(the active voice);当主语是受动者/受事(the patient)时,谓语动词属于被动语态(the passive voice)。在语言学研究体系中,语态通常被划分为主动语态和被动语态(Quick,1972:45;Seaton,1982:7)。主动结构的句子,主语是谓语动词动作的发出者,构成了语法和语义上的主动关系,如例句(1):I 是施事,trained 为主语发出的动作,the dog 为受事。被动结构的句子,主语是谓语动词动作的接受者,构成语法和语义上的被动关系,如例句(2):the dog 位于主语位置,但属于受事,was trained 为明显的被动语态结构。例句(1)和例句(2)中都含有 trained 一词,表层形式都加了 ed, 但前者为动词过去式,后者为构成被动语态的过去分词。

(1)*I **trained** the dog to stand on its hind legs.*

(2)*The dog was **trained** (by me) to stand on its hind legs.*

---

① 王文俊,云南大学外国语学院副教授,研究方向:英语语言文学及国际关系研究。

大量的英语语法书都强调主、被动语态在句子结构中的位置和作用,往往容易使英语学习者产生一种局限的认识,即句子的语态只有主动和被动之分。其实不然,在很多语言中还存在着一种语态现象,即中动语态或中间结构(middle voice)。中动语态则是以中动结构(active structure)表达被动含义(passive meaning)(吴章炳、牛雅禾,2017:53)。这种结构是由主语和中间动词构成,并且位于主动语态和被动语态二者之间的一种中性的语态结构,如例句(3)。句子的主语位置是受事 the stone,谓语动词 cuts 以主动形式出现,施事为隐含部分,除非有强调的用意,否则不需要指出。

(3) *This stone* ***cuts*** *easily.*

对于中动结构和中动语态的存在,何文忠(2005:9,2007:24)指出中动结构在 20 世纪的语言学研究中一直是被关注的,只是具有中动结构特点的句子经常被视为一种特殊的被动结构,而被赋予了许多不同的名称,如意念被动句,受事主语句,主动式被动态等。

Halliday(1970:152,1994:169, 2014:419)基于功能语言学的基本原理将语态划分"中动"和"非中动","非中动"又由"主动"和"被动"构成。Keyser 和 Roeper(1984:381-416)提出英语的中动与作格结构(the middle and ergative construction),从此中动语态作为一种特有的语态现象受到了语言学界专门的研究。国外学者 Roberts(1987:45-49)和 Iwata(1999:7-12)等围绕中动结构的特征与生成机制等问题展开争论。Fagan(1988:181-203)和 Stroik(1995:32-35)对中动结构进行过系统的研究,分析了中动语态的结构和语义特点,并讨论了其生成机制。西方学者的研究多是从生成语法的假设出发,论证过程复杂,结论也存在局限性。

但值得关注的是,通过英汉中动结构和中动语态的对比研究,中国学者的发现体现了对比研究的意义和价值,其成果也颇有说服力。国内学者何文忠(2005:9)、徐盛恒(2002:436)等对英语中动结构的生成和界定做了大量的分析和研究。古川裕(2005:22)基于对英语中动语态的研究,提出中动结构并不是英语特有的,在现代汉语中也存在着大量的中动结构句式。曹宏(2004:11)对汉语中动句进行了系统的分析,讨论了该结构对动词和形容词的限制。何文忠(2004:26)对比了英汉中动结构,从认知的角度对中动结构的形成构句制约及其语义句法特征进行了阐释。刘露营(2008:244)探讨了中动结构的构式意义及其生成机制。司联合(2014:32)讨论了中动结构与作格结构的区别并解析了中动结构的构式意义。张晓(2015:33)讨论了中动结构的构成形式及特性。胡旭辉(2019:83)则将汉语中动句的研究置于跨语言的中动句研究背景下,指出汉语中动句也表现出另外一类不同的句法特征。汉语的语态特征不像英语语态特征明确地表示出来,但汉语的语态现象是存在的,例如"把字句"表示主动关系、"被字句"表示被动关系一样。本文将从语法学和语义学的视角和方法出发,用结构分析法对英汉语中动结构进行解析,探析其基本的异同之处。

2. 英语和汉语中动结构特点

2.1 英语中动结构特点

英语中动结构的基本构式为[NP + V + ADV/ADJ]。NP 为受事,即被动的参与者,是谓语动词的逻辑宾语;V 为兼有及物和不及物性质的主动形态的动词; ADV/ADJ 表示状态或性质的副词或形容词。如:

(4) *This newly published book* ***sells*** *quickly.*

(5) *The door* ***opens*** *easily.*

(6) *The car* ***drives*** *fast.*

(7) *This ice-cream* ***tastes*** *delicious.*

上述例句的主语都是受事名词 NP, 分别为 sell, open, touch, taste 的逻辑宾语。而施事名词存在隐匿性,要通过语义关系来进行推导,是泛指的"人们"或是特指的"某些人"。在例句(4)和例句(5)中,动词后成分 quickly, easily 为副词,修饰的是 sell 和 open 动作的状态;而在例句(6)和例句(7)中,动词后的成分 fast, delicious 为形容词,修饰的是 the car 和 this ice-cream 的物质特性。这些句子在语义上靠近被动语态,"书是被卖的,门是被开的,车是被驾驶的,冰激凌是被食用的",而它们形式上靠近主动语态,句子结构中谓语动词形式上没有被动形式(be done)。

2.2 汉语中动结构特点

汉语中动结构的基本构式为[NP + ADV + V]和[NP + V 起来 + ADV]。在[NP + ADV + V]结构中,NP 为受事,ADV 可以是大量的"好""难""容易"等表示程度或难易的副词,V 是动词。在[NP + V 起来 + ADV]结构中,NP 同样为动作的逻辑宾语," V 起来"表示一个过程之后的结果, ADV 位于句末表示程度或状态。如:

(8)这支曲子真好听。

(9)公派出国的手续特难办。

(10)这台机器操作起来很简单。

(11)这个冬天过起来真慢。

上述汉语例句中主语也都是受事,即"听曲子,办手续,操作机器,过冬天"。在例句(8)和例句(9)中,动词位于句末,之前有副词或双重副词修饰"真好,特难"。例句(10)和例句(11)是典型的"V 起来"结构,表示"(人们)操作机器很简单""(人们)过这个冬天真慢"。四个句子中都没有施事,但其被动含义表述得非常明晰,不会产生歧义。

从以上英语、汉语中动结构句子的表面特点可以看出英语中动和汉语中动两者之间有相同之处,也存在差异。研究语言现象,尤其是语法现象有助于更好地了解和掌握目标语言的特点。而基于汉语和英语中共同存在的这一特殊且有趣的语言现象的研究是有意义的。

3. 英语和汉语中动结构的相似点

英语和汉语中动结构的相似之处主要有两个：句子表层不能出施事，NP 必须为受事；谓语动词不能独立存在，需要一个表示状态的状语来修饰。

3.1　句子结构表层不出现施事，NP 必须为受事

在英语中动结构的基本结构[NP + V + ADV/ADJ]和汉语中动语态基本结构的[NP + ADV + V]和[NP + V 起来 + ADV]中，NP 都位于句首。但并不是所有符合这些结构的句子都是中动语态，NP 和谓语动词之间必须含有隐性的逻辑被动关系。如例句(12)(13)(14)a 句和 b 句的对比所示：

(12) a. *Happy children learn well.*

b. *This pen writes smoothly.*

英语中动结构：NP + V + ADV

passive

如例句(12)所示，该例子中的(a)(b)两个句子在结构和形式上完全相同，由“主语 + 谓语动词 + 副词”的句式构成。二者的区别在于主语和谓语动词之间的关系。在(a)句中，happy children 是 learn 的施事(doer of the action)，“学习”是“孩子”发出的动作，二者之间构成形式和语义上的主动关系，所以此句不属于中动语态。在(b)句中，this pen 是 write 的受事，二者在形式上是主动关系，但“这只笔”本身是不会发出“书写”的动作，须有一个动作的发出者(undergoer of the action)才能发出此动作，因此“this pen”和“write”构成逻辑上的被动关系，而且施事并未出现，只是在意义上隐含存在。汉语的中动语态也具有这样的特点，见例句(13)和例句(14)。

(13) a. 那个小伙子很用心工作。

b. 这个目标很难达到。

汉语中动结构：NP + ADV + V

passive

(14) a. 这个女孩学习起来很用功。

b. 雷锋的故事听起来很鼓舞人心。

汉语中动结构：NP + V + 起来 + ADV

passive

例句(13)(a)(b)两个汉语句子在结构上完全一致,但在语态上是完全不一样的。(a)句是主动结构,可以理解为“那个小伙子很用心(地)工作”。“那个小伙子”是“工作”这一动作的发出者,“很用心”用来说明补充谓语动词的状态。(b)句是中动结构,可以理解为“这个目标很难(被)达到”,是明显的被动关系。

例句(14)为汉语中的“V+起来”结构,两句在结构上相同,但语态是不一样的,也就是说,并不是所有的“V+起来”结构都是中动语态,只有当主语作为受事,谓语动词为主动形式时,才能构成中动语态。例句(14)(a)(b)两个汉语句子在结构上基本一致:“这个女孩”对应“雷锋的故事”为NP,“学习起来”对应“听起来”为“V+起来”,“很用功”对应“很鼓舞人心”,其中“很用功”是动词状语;“很鼓舞人心”在意义上为形容词,但在结构上近似状语。很显然,(a)句中的主语和谓语动词形成主动关系,“女孩”是“用功地学习”这一动作的发出者,这里的“起来”在语义上可以被忽略。(b)句则是中动结构,“雷锋的故事”具有“鼓舞人心”的特点,是被人(或人们)去听才产生的效果,“故事”作为无生命体不发出“听”的动作,只能是“被听”。

从例句(12)(13)(14)每组(a)(b)的主动句和中动句的比较,可以看出无论是英语的中动结构还是汉语的中动结构,句子的施事不出现,主语位置的NP为受事,这是明显的相似之处。

3.2 谓语动词不能独立存在,需要一个表示状态的状语来修饰

在英汉中动结构中,谓语动词是不能独立存在的,它的前后(多数情况下为谓语动词之后),需要加上一个状语成分。例(15)a,b句为英语中动语态,a句的谓语动词之后为具体时间状语,b句的谓语动词后为状语。若没有状语成分,如c句所示,就是一个不完整的句子,它不能表现出open的任何状态。若要使open表示状态,则要发生词性和句型转换,如d句所示,open由动词转换成了形容词。

汉语中动结构也需要附加状语成分。例(16)c句没有附加状语成分,这样的句子在汉语中是不存在的。要体现中动语态的特征,要在“实现”之前加上“很难”或之后加上“起来很难”。如果单独的“实现”要表现出状态的,需要在其后加上“了”“过”等,否则句子就是不完整的。

(15) a. *This bookstore opens at 8:30.*

b. *This bookstore opens early.*

*c. *This bookstore opens.*

d. *This bookstore is open.*

(16) a. 这个目标很难实现。

b. 这个目标实现起来很难。

*c. 这个目标实现。

d. 这个目标(是)实现了/过(的)。

4. 英语和汉语中动结构的不同点

4.1　中动动词形态上的差异

英汉语中动结构在形态上有一个显著差异就是英语中动结构谓语动词采用独立谓语动词的简单主动形态，而汉语中动语态谓语动词后面总有一个黏着语素，这个黏着语素的位置是不自由的，总是附着在谓语动词之后，如“起来”“上去”“着”等。这样的英汉差异导致了同样的语义内容在两种语言结构下表现出了不一样的表层特征。英语是通过谓词的词形变化来表示语法意义的语言，而汉语中动结构的谓语动词没有形态标记，也没有形态变化，要通过和这一动词与表状态的黏着语素(bound morphemes)连接起来，如例句(18)中的“做起来”“坐上去”“读着”比例句(17)looks 的形式更多。

(17) *The boy looks lovely.*

(18) a. 这件事情做起来很难。

b. 这个木凳子坐上去很硬。

c. 那本小说读着不错。

4.2　句子结构紧密度的差异

对于句子结构紧密度而言，英语中动语态的结构的紧密度要低于汉语中动语态的结构的紧密度，也就是说，前者在 NP + V + ADV/ADJ 可以附加的成分很少，且状语的位置位于谓语动词之后，如(19)a 句 well 位于 writes 后，表示 this kind of pen 的书写特性或特征。如例(19)b 句中，若 well 的位置在 writes 之前，句子就显得不符合英语语法，因此英语中动语态的结构是紧密的。而汉语的中动结构就相对灵活，例句(20)三个句子所示，汉语中动结构可以嵌入的成分较多，而且位置所受限制不大，可以居于动词之前，也可以居于动词之后，如“很好写”“好写”“写起来很好”等。

(19) a. This kind of pen writes well.

*b. This kind of pen well writes.

(20) a. 这种笔很好写。

b. 这种笔好写。

c. 这种笔写起来很好。

4.3　感官动词在英语中动语态中的特殊用法

感官动词(verbs of perception)，是指人的感觉器官发出的动作，如“feel, touch, look, sound, smell, taste”等。感官动词不能构成汉语中动语态,而谓语动词为感官动词是英语中动结构中很典型的一类,且使用频率较高。尽管汉语中也存在大量表示感官的词语,但较为常用的形式为“感觉起来,摸起来,看起来,听起来,闻起来,尝起来”等,这一类词所构成的句子并不属于中动结构。如例句(21)(22)的(a)两个句子中,feel 和 look 担当的是谓语动词的角色,如果省略了 feel 和 look,句子结构则是残缺的,如例句(21)(22)(b),缺少系动词,不仅在英语语法上是错误的句子,在语义上也模糊不清。在含有感官动词的汉语句子中,“感觉起来、看起来”等是可以省略的,它们起的只是插入语的作用,即使缺失也可以非常准确并且清晰地表达“羊毛是柔软的”和“教学楼是雄伟的”的句意。因此,感官动词是汉英中动结构的又一显著差异。

(21) a. *The wool feels soft.*

* b. *The wool soft.*

c. 这种羊毛感觉起来很柔软。

d. 这种羊毛很柔软。

(22) a. *This teaching building looks magnificent.*

* b. *This teaching building magnificent.*

c. 这幢教学楼看起来很雄伟。

d. 这幢教学楼很雄伟。

5. 结　语

通过英语和汉语中动语态在结构、语法、语义三个方面的对比分析,可初步得出以下结论:中动结构在英汉两种语言中都存在,而英汉语中动结构和许多其他语言现象一样,有着它们的共性,也有不同之处。

相同之处是它们的基本语义特征都是表述普遍的现象、常态,而非对单一事件的描述。它们有着基本一致而又固定的句法框架,句子表层不能出施事,NP 必须为受事,谓语动词不能独立存在,需要一个表示状态的状语来修饰。

不同之处在于英语中动结构中动词形态少于汉语中动结构,且句子相对紧密,不允许太多嵌入成分和副词位置的调换,感官动词的使用为英语中动语态的独有特点。进行这两类语言中动结构的对比,可以使汉语和英语学习者以及教学者进一步加深对中动结构这种语言现象的了解,也能进一步了解英、汉语不同的语言属性和句法规则。

参考文献

FAGAN,SARAH M B, 1988. The English Middle[J]. Linguistic Inquiry(19):181-203.

HALLIDAY M, 1970. Language Structure and Language Function[A]. In Lyons, J. (Ed.), New Horizons in

Linguistics[C]. Harmondsworth: PenguinBooks.

HALLIDAY M, 1994. An Introduction to Functional Grammar[M]. London: EdwardArnold.

HALLIDAY M, 2014. Halliday's Introduction to Functional Grammar[M]. London: Routledge.

QUICK R. et al, 1972. A Grammar of Contemporary English[M]. London: Longman.

KEYSER J, ROEPER T, 1984. On the Middle and Ergative Construction in English[J]. Linguistic Inquiry(15): 381-416.

IWATA S, 1999. On the Status of Implicit Arguments in Middles[J]. Journal of Linguistics(3):527-553.

ROBERTS I, 1987. The Representation of Implicit Argument and Dethematized Subjects[M]. Dordrecht: Foris Publications.

SEATON B, 1982. A Handbook of English Language Teaching Terms and Practice[M]. London: Macmillan.

STROIK T, 1995. On Middle Information:A reply to Zribi-Hertz[J]. Linguistic Inguiry(1).165-171.

曹宏, 2004. 中动句对动词形容词的选择限制及其理据[J]. 语言科学(1):11-28.

古川裕, 2005. 现代汉语的“中动语态句式”[J]. 汉语学报(2):22-32.

何文忠, 2004. 中动结构的认知阐释[D]. 上海: 上海外国语大学.

何文忠, 2005. 中动结构的界定[J]. 外语教学(4):9-14.

何文忠, 2007. 中动语态构句条件[J]. 外语教学(2):24-29.

胡旭辉, 2019. 跨语言视角下的汉语中动句研究[J]. 当代语言学(1):83-103.

刘露营, 2008. 中动结构的构式意义及其生成机制探析[J]. 西南民族大学学报(5):244-247.

司联合, 2014. 英语中动语态的构式意义研究[J]. 外语与外语教学(1):32-34+90.

吴炳章, 牛雅禾, 2017. 中动结构的概念化机制研究[J]. 西安外国语大学学报(2):53-57.

徐盛桓, 2002. 语义数量特征与英语中动结构[J]. 外语教学与研究(6):436-443.

张晓, 2015. 英语中动结构的评价意义及其主观性[J]. 外语学刊(6):33-38.

刘露营, 2008. 中动结构的构式意义及其生成机制探析[J]. 西南民族大学学报(5):244-247.

研究生通用学术英语的内核与本质探索

董丹萍[①]

摘　要:本文通过探讨研究生通用学术英语的内核与本质,提出了通用英语向学术英语转变的本质是从输入到输出的侧重点的转移,从语言与学科学习和研究相隔离到相融合、相协作的改变,从教师为中心的大班式语言教学到以学生为中心的小班式技能培养、从语言培训到学术素养培训的侧重点的改变;在此基础上,本文提出通用学术英语课程应该具备三大要素。

关键词:研究生通用学术英语;内核与本质;三大要素

1. 引　言

在高等教育改革和学术国际化的浪潮中,很多高校推出了"研究生通用学术英语"这门课程。但是,学者们在"教什么"这个问题上有一定的争议,无论是单纯的句子层面的学术英语风格特征,还是采用西方学术标准和传统,或者简单地改换冠以"学术英语"的阅读和听说教材,或者文献阅读课程,或者纯粹的论文写作课程,或者学术英语演讲课程(杨惠中,2018;卫乃兴,2016;蔡基刚,2015;等),各类教程和教学实践都有所尝试,但结果却不是很理想。在我国本科阶段学术英语课程的设置中,大部分为选修课,必修课偏少,所占学分较低;学术英语课程总体发展不平衡,办学定位也不一致;学术英语课程设置单一,概念模糊。要么和传统的通用英语无法分开,要么和传统的专业英语相互混淆。无论是学院层面、教师层面还是学生层面,学术英语课程的发展都有着各种障碍(廖雷朝,2019:48-55)。但是学术化导向是迫切的时代要求,摒弃学术英语这个概念本身是故步自封,无法解决当前的问题;事实上,学术英语课程在世界各地是普遍存在的,各个英语圈中都有针对 ESL、EFL、EAL 学生和学者的学术英语课程。同时,学生对于学术英语的实际需求非常强烈,要求学术英语课程必须能

---

① 董丹萍,云南大学外国语学院讲师,研究方向:EFL 教学,英汉翻译。

切实满足学生对于学术英语技能的需求。

本文有两个目的：首先，了解当前国内本科阶段和研究生阶段的学术英语转向讨论，探索大学英语和研究生英语教育学术化转向的本质和内核，提出技能从被动向主动侧重点转移的假设。其次，广泛借鉴国内外各种学术英语教程，特别是写作和演讲教程，提出学术英语在本质上应该是以英语为媒介的学术素养(academic literacy)，而不仅是语言的问题，更多涉及思维和科研的问题。在此基础之上，概括出学术英语的三大元素：批判性思维、学术性语体特征、学科性写作/演讲，认为这是学术英语写作课程应覆盖的必要内容。

2. 实践与理论背景

中国高等教育、特别是研究生教育的学术化和国际化转向是促使研究生英语教育改革的第一动力。在国际英语期刊发表论文，则成了研究生的迫切要求。1992 年《研究生英语教学大纲》强调研究生英语教育的目的是培养学生熟练的阅读能力、一定的写译能力，以便学生能以英语为工具进行本专业的学习和研究。在 1992 年之后的数十年间，中国的各个专业研究生完成学位课程所需的各种作业、论文、答辩等绝大多数都使用中文，研究生公共英语教育更多是一种类似于通识教育的课程。最近几年，特别是 2010 年国家教育中长期计划制订且实行之后，非外语专业研究生学位课程开始出现了各种以英语为教学语言的讲座、阅读、写作、报告和测试以及双语课程甚至全英语课程等多种形式的教学活动，SCI 等检索论文的发表要求也开始出现在研究生学位课程之中。各种国际交换生项目、夏令营活动更是层出不穷。可以看出，英语已经从最初的一门外语转变成了学术环境下的交流语言，从最初的“为学习而学习”的通识课和公共课定位，转向了“为使用而学习”的语言支持课，已经最大限度地向 ENL(英语内圈国家，即以英语为母语的国家)国家的英语课程靠拢，与遍布世界各地的 EMI(以英语为教学语言)的研究生学位课程的英语课程的定位已经非常相似。如果说以往的中国研究生教育相对处于封闭的汉语圈中，那么，现在汉语圈和英语圈的研究生英语教育开始出现了大面积重叠和紧密的交流。在这种情况下，研究生英语教育再也不能像以往一样进行听说读写译的简单技能训练，而是需要调整定位和相应的课程设置。其中，最重要的是向学术化英语转向。

在这样的历史关头，我们需要问自己这样一个问题：以往的研究生英语教育，是否一点学术性都没有？具体而言，学术化英语转向究竟意味着什么？

3. 文献综述

多年来，多个学者对学术英语进行了不同的定义。杨惠中援引(2018：27-33)桂诗春(2015a：545-554)认为中国英语教学应区分 BICS 和 CALP 两个板块，BICS 是指 Basic

Interpersonal Communicative Skills，即基本人际交往技能，CALP 是指 Cognitive/Academic Language Profile，即认知/学术语言技能，也就是大学生用口头和笔头方式来了解、表达和学业成就有关的概念的技能。杨惠中(2018:27-33)将这个定义解释为：大学生为了学业目的而所学、所用的英语就是学术英语。不过，这个观点忽视了一个细节：中国的官方语言是汉语，高等教育所用的语言也是汉语。在很长一段时间内，大学生在完成学业目的的过程中，除了通过四六级考试以及期中期末考试，并没有使用英语完成学术的目的。即使在现在高等教育国际化和学术化的大潮流中，除了少数全英语课程之外，英语在许多大学中并不具备教学语言(EMI)的地位。在很长一段时间内，其必要性是个假命题，中国大学生对英语的学习更多是必修课和通识课的定位，是一种体制化(institutionalized)的学习。既然英语不是学位课程教学语言，那么所谓的"大学所学就必定是学术英语"的论断在很大程度上是不恰当的。

卫乃兴(2016:267-277)将学术英语定义为一种语言变体，"学术研究者为推进学科发展而进行知识构建、信息交流与学术传播所使用的英语变体"。这个定义的范围非常广。人文社科和自然科学、工程技术、医学生理各有各的标准和偏好。单纯从语言着手对学术英语所下的定义在教学中的实践性和可行性较弱。比如杨惠中(2018:27-33)认为所谓学术英语是为实现文理工农医各类学生共同需要且均可接受的最大公约数。"最大公约数"的概念有点稍显乐观，也稍显模糊，在实际教学的过程中，并不能满足各学科门类学生的学术英语的需求。正如 Swales & Feak(2012:2)在 *Academic English for Graduate Students* 中所指出，"学术英语是一个复杂而不稳定的目标"，所以他们所编的教材不适合文学、商务管理、法律、医学、数学等学科，而是适合除此之外的很大范围领域内的学科。可见，"最大公约数"之说在当前追求学术国际化的高等教育环境中，是有点渺茫、不可捉摸的。

值得注意、也值得深思的是，杨惠中认为四六级英语考试中对阅读能力的定义是"通过阅读获取信息的能力"，"无论篇章选择、词汇选择，还是交际功能选择，尽量体现共同适用的学术英语语体特征"，因而从以往到现在的大学英语教育不无学术英语的元素(杨惠中，2018:33)。他同时提出，学术英语教学课程在许多美国大学中的名称是"Advanced Listening Skills""Advanced Reading Skills""Advanced Writing Skills"等，当然也有部分课程明确冠以"academic"一词，如"Academic Encounters: Listening and Speaking"。换句话说，以往大学英语教学已经具备了学术性特征。这种说法同样避开了大学环境中的语言教学的问题。对于以英语为母语的学生以及以英语为媒介在英美国家攻读学位的学生而言，以上所提美国大学中的听说读写技能课程确实具有学术性质，但是换到了中国大学环境中，对于 EFL 的中国学生而言，大学所提供的听说读写技能的学术性可能会稍打折扣。

杨惠中在同一篇论文中提出："学术英语教学将会成为我国大学英语教学的主流"，那么，学术英语教学究竟和现在的大学英语教学有怎样的不同呢？

早在 2010 年，蔡基刚提出大学英语教学定位应是学术英语。蔡基刚(2010:306-308)认为学术英语分为两大类:一般学术英语和专门用途英语。前者涉及学术书面交流和学术口头交流等课程,后者有工程英语、金融英语、软件英语、法律英语等课程。两者都是为了让学生能够用英语进行专业学习,其目的都是让学生做好语言、内容和学习技能上的准备。这个观点指出了学术英语的"交流"目的,同时却没有很清晰地掌握到学术英语的内涵,因此还是通用英语的概念:为专业学习做语言准备。蔡基刚(2015:83-93)对学术英语进行了另一种定义。他的主张是学术英语和通用英语之间的区别不在于难度,而在于目的。通用英语是语言学习驱动;而学术英语是专业需求驱动。学术英语培养的不仅是学术英语的语言技能,更重要的是以批判性思维能力为核心的学术素养。这个定义的重点不再在英语语言技能层面上,而是在学术素养层面上;二者结合,就是以英语为媒介的学术素养。

有关学术素养的概念,美国加利福尼亚州学术委员会(ICAS)曾规定:加州所有大学新生都必须拥有大学学习所需要的学术素养,包括阅读、写作、听说、批判性思维、使用现代信息技术,有利于学业成功的思维习惯等(2002:2)。蔡基刚(2015:83-93)则将学术素养的概念放在了一个多种技能所形成的网格之中:学术英语要训练三种技能:(1)用英语听讲座/讲课、记笔记、阅读专业文献;(2)用符合学术规范和格式的英语撰写文献综述、论文、大会摘要和学术文章;(3)用英语宣读论文、报告研究成果、参加学术讨论。学术英语还要培养四种学术素养:(1)运用网络和图书馆资源搜索与专业学习相关的信息的自主学习和独立研究的能力;(2)分析和综合从各个渠道搜索来的信息、进行评价、提问、形成自己观点的创新能力;(3)规避剽窃,遵守普世的学术规范能力;(4)用团队合作的方式开展项目研究时所需的团队沟通能力。学术英语培养的是五种能力:批判性思维能力、交流沟通能力、团队合作能力、创新能力和跨文化交际能力。这个概念比较全面地概括了学术英语的内涵,也指明了学术英语包括除了语言之外的多种技能化元素。蔡基刚(2015:83-93)曾承认学术英语课程本身最初是英美国家为国际留学生所提供的预科性质的英语强化课程,目的是帮助留学生顺利过渡到以英语为教学语言的专业学习。接着他描述了学术英语课程在全球高校扩散的状况,而他对学术素养的定义显然也超出了 ICAS 的要求,而是额外体现了跨文化国际交流的要求。

4. 大学英语/研究生英语学术化转向的本质

从 2004 年《研究生英语教学大纲》发布至今,研究生英语教育着重于被动技能,即阅读和听说,而主动性输出,即写作和演讲等技能则被有意无意地放到了比较次要的位置,从而导致学生产出能力不足,在很大程度上无法进行书面和口头沟通,更勿论在英语期刊上发表论文。因此,学术化转向,其实在很大程度上是产出性的要求提高了。通用英语和学术英语的区别,除了蔡基刚所认为的目的和驱动不同、应试与应用之分外,更多的是技能侧重点和技能范围的变化,从输入到输出的转变,同时也涉及了从人文性到科学性的转变、从读书获取信息到批判性阅读的转变,从语言与专业分开到英语和专业学习的紧密结合,从讲授为中心到实践为中心的转变。

但是这种改变还在酝酿之中。以云南大学研究生英语教育为例,在课程设置上非英语专业硕士研究生英语课程包括英语综合和英语听说;而博士研究生英语课程包括国际会议英语和学术英语。从测试的设置来看,英语听说大多只考听力,英语综合考查方式有阅读理解、词汇、翻译、完形填空。英语学位考试包括听力、阅读理解、翻译和写作。而写作是纯粹的作文式写作,与学术无关,与本专业研究无关。测评方式在很大程度上引导着学生的学习。从测试的内容来看,还是以语言学习为目的的基础技能型训练,而批判性思维、学术素养的培训等都是缺乏的。从教学形式来看,大多是大班教学、以教师为中心、以知识传授为中心。语言学习与本专业学习分开进行。目前,国内很多高校已开设学术英语作为选修课,比如学术英语写作,学术英语演讲,其目的是增强英语输出方面的培训。博士阶段,比较有针对性的论文发表课程可以开设,并且根据蔡基刚的观点来看,博士 SCI 论文写作课程必须成为一门必修课,由国际著名 SCI 论文写作老师授课。这一点非常值得借鉴。

国内多所大学已率先进行了改革。比如西安交通大学就颁布了《西安交通大学研究生英语教育教学改革行动计划》,其遵循的理念是以培养学术英语交流能力为中心,以实践教学为主体、英语教学和科学研究深度融合。其目的在于显著提升第一课堂教学质量,有效提高研究生学术英语输出能力和研究生对英语教学的获得感,并且在国内研究生英语教育中起到了一定示范和引领作用。其师资要求具有丰富海外经历的专业教师,由专业教师与外语学院教师组建"学术英语指导共同体",与学科研究充分融合,实施小班实践、第二课堂,提供由外语教师、外籍教师、讲座教授、留学归国人员以及博士生助教所组成的写作指导团队,开设不同专业的英语学术写作讲座。西安交通大学自 2008 年起连续举办了 8 届"国际会议暑期学校",对学生的国际会议交流能力进行有针对性的实战训练和指导,并且将"用英语讲好中国故事"设定为教学的主要目标之一,将中国文化传播、时事热点等纳入教学内容,在英语实践强化项目中贯穿"国际视野 + 文化自信"的设计思路。其研究生英语教育教学已形成了鲜明的特色和优势。西安交通大学研究生英语教育的改革印证了本文有关学术英语的论断,其课程设置也说明了学术英语能力输出性的本质和强烈学术性的目的。

5. 学术英语课程应该具备的三大元素

西安交通大学的研究生英语教育教学改革以提高学术英语交流能力为中心,这一点是非常值得赞许的。但是学术英语课程必然涉及学术性的东西,是无论哪个学科的研究生都应该具备的必要的学术素养。首先,批判性思维能力,或者说思辨能力是学术写作教程中不可或缺的一部分。比如 *Academic Writing for Graduate Students* 是根据美国研究型大学的教学经验编纂而成的,特别是根据密歇根大学英语语言学院的 ELI320(Academic Writing Ⅰ)、ELI

321(Academic Writing Ⅱ)和ELI 520 (Research Paper Writing)等课程的教学经历编撰而成(Swales & Feak, 2012:2)。这个教材融入了有关学术英语特征的最新见解和研究成果,非常强调学术性,摒弃了任何未经证实的猜测和意见(ibid.)。再如Paul & Elder的*How to Write a Paragraph—The Art of Substantive Writing*更是将思维细分为八大要素:目标、问题、信息、阐释和推论、概念、假设、可能的影响(implication)和后果、视角。无论是批判性阅读还是写作,从这八大要素出发,肯定会让学术写作、演讲或阅读等更具理性(2016:7)。

没有基本的批判性思维训练,很容易在输出过程中缺乏逻辑性。比如杨舒平一年前在马里兰大学毕业演讲中虽然英文表述流利漂亮,却缺乏言之有据的逻辑性。

"People often ask me: Why did you come to the University of Maryland? I always answer: fresh air. Five years ago, as I stepped off the airplane from China, and left the terminal at Dallas Airport, I was ready to put on one of my five face masks, but when I took my first breath of American air. I put my mask away."①

这句话的逻辑是不对的。她选择马里兰大学的原因无从得知,但绝不会是因为空气好。空气好是她到了美国后所发现的,选择该大学发生在去美国之前。这是典型的mis-specified causality——错置的因果关系,或者说逆转因果(reversed causality)。她的另一个逻辑错误在于以偏概全(overgeneralization),以自己有限的特殊经验来描述中国和美国,引发国人愤怒。如果有基本的批判性思维和逻辑训练,这样荒谬的、不成熟的思维和说话方式是不会出现的。

再如一个本科生所提交的开题报告中有这样一句:"《圣经》有很大的魅力,因为它深深地影响着英语国家的文化、政治等许多方面。"②这句话中的"因为"用得很不准确,体现了很模糊混乱的思维;换句话说,这句话试图用《圣经》的影响力来证实其魅力。

学术英语写作是许多因素作用的结果:读者(audience)、目的(purpose)、组织(organization)、风格(style)、流利性(flow)、以语法和拼写为核心的整体呈现(presentation),所有这一切都是为了留下一个好的印象(Swales & Feak, 2012:1)。正如Swales & Feak (2012)年所说,"Academic English is rhetorical" (Swales & Feak,2012:3)。学术写作者必须考虑读者的期待和反应,选择数据、组织文章,所以需要培养学生的修辞意识(rhetorical consciousness),强调"定位"意识,让学生思考自己的写作会让自己处于学术界什么样的位置(Swales & Feak,2012:3)。一句话,如何让学生的英语写作在语言上更具客观性和学术性,更有利于沟通、有助于科研论文的写作和发表。

学术英语写作要教给学生的是如何进行学科性写作。根据ICAS (2002:5) 学术素养能力报告的说明,大学学术环境中的写作,其宗旨是加深和拓展知识(Writing in college is

① 杨舒平毕业演讲事件有一段时间惹得舆论沸沸扬扬,她的演讲词属于网络上随处可找到的资料。此处不添加引用来源,这些属于语料性内容,是可以用在学术论文中的。

② 学生的毕业论文开题报告中的各种语言和思维案例并没有公开发表,此处不添加引用来源。

designed to deepen and extend discourse in the pursuit of knowledge)。拓展知识需要学习,须进行大量阅读,成为某个话题或领域方面的专家,而这个知识不是常识、道听途说、老生常谈(Fulwiler, 2002:5)①。

学术英语写作是如何获取和传播知识呢?首先,作者必须证明自己了解某个研究话题当前发展的最前沿状态以及优劣点所在,找到自己可以做出贡献的知识空缺(knowledge gap)或者说找到自己所做研究的生态位(niche)。其次,要让自己写下的文字成为知识,就必须使用合适的系统化方法来评估自己所做的假设。

A thesis is… the acquisition and dissemination of new knowledge. In order to demonstrate this, the author must demonstrate an understanding of what the relevant state of the art is and what are the strengths and weaknesses of this situation. For someone's work to be knowledge, there must be demonstration that suitable and systematic methods were used to evaluate the chosen hypothesis. (Clack, C. 引自 McCormack & Slaght, 2015:4)

换句话说,要学好学术英语,就要读文献,学理论,做调研,做研究,得出成果并分享新的知识。学术英语写作绝不是反刍信息、拾人牙慧、泛泛而谈。

本科生和研究生可能最缺乏的意识是进行文献阅读和综述。因此,任何的学术英语课程都应该强调文献综述的重要性。使用 Swales (1990:141)所提出的 CARS 模板,教会学生、尤其是研究生"create a research space"的重要性,要学会确立学术领地(establishing the territory)——要论证选题的重要性、要回顾和评述已有的研究,要确立一个值得研究的研究创新点(所谓的"a significant knowledge gap"),列举研究的意义、研究的问题、研究的价值,以及论文的结构。要教会学生发表自己的知识主张(knowledge claim),突出自己的研究发现(highlight the findings)。

6. 结　论

要明白研究生通用学术英语课程的内核与本质,必须回答以下几个问题:(1)研究生通用学术英语课程与现在的"英语综合"与"英语听说"有什么区别?(2)研究生通用学术英语课程与本科生通用学术英语课程有什么区别?(3)研究生通用学术英语课程与"大学英语"(包括听说与读写)课程有什么区别?第一个问题,其区别在于输入性还是输出性侧重点的转移、语言学习向学术交流的转移。第二个问题,其区别在于更复杂的学术技能和任务。第三个问题,其区别在于批判性思维、学术写作和口语交流、当然更在于学科性论文写作。我国的研究生通用学术英语课程与英美国家的学术英语课程区别在于是否立足本国、投身国

① Fulwiler 的建议是做自己所选话题的专家,原文如下:Learn your subject well before you write about it; if you can't, learn it while you write. In either case, learn it. To my own students I say: plan to become the most knowledgeable person in class on this subject; know it backward and forward. Above all else, know it well beyond common knowledge, hearsay, and cliché.

际学术交流之中。

总之,无论是阅读、写作、听说、翻译,文献综述、论文写作,学术英语课程以任何的形式或侧重点出现,都应该涉及批判性思维、学术英语风格、学科性写作三大要素。这些都不是学生自己看论文就能看出来的。含有这三大要素的研究生通用学术英语课程才能让学生有强烈的获得感。

参考文献

FULWILER T, 2012. 3rd Edition. College Writing—A Personal Approach to Academic Writing[M]. Portsmouth: Heinemann.

Intersegmental Committee of the Academic Senates of the California Community Colleges, 2002. the California State University, and the University of California, Academic Literacy: A Statement of Competencies Expected of Students Entering California's Public Colleges and Universities[OL].

MCCORMACK J, SLAGHT J, 2015. Extended Writing & Research Skills [M]. Beijing: Foreign Language Teaching and Research Press.

PAUL, R. ELDER L, 2016. How to Write a Paragraph: The Art of Substantive Writing[M]. Beijing: Foreign Language and Research Press.

SWALES J M, FEAK B C, 2012. Academic Writing for Graduate Students—Essential Tasks and Skills[M]. Ann Arbor: University of Michigan Press ELT.

SWALES J M,1990. Genre Analysis: English in Academic and Research Settings[M]. Cambridge: Cambridge University Press.

桂诗春, 2015b. 我国英语教育的再思考-实践篇[J]. 现代外语(5):687-704.

卫乃兴, 2016. 学术英语教学再思考:理论、路径与方法[J]. 现代外语(2):267-277.

蔡基刚, 2015. 再论我国大学英语教学发展方向:通用英语和学术英语[J]. 浙江大学学报:人文社会科学版,45(04):83-93.

蔡基刚, 2010. 关于我国大学英语教学重新定位的思考[J]. 外语教学与研究(4):306-308.

桂诗春, 2015a. 我国英语教育的再思考——理论篇[J]. 现代外语(4):545-554.

杨惠中, 2018. 学术英语? 普通英语? [J]. 外语界(5):27-33.

廖雷朝, 2019. 中国高校学术英语教学开展与课程设置调查[J]. 解放军外国语学院学报,42(03):48-55+92+160.

从《红楼梦》及其越南语译本看汉越社交称谓语的异同

李梅芳[①]

摘　要:汉语和越南语都有着既丰富又复杂的称谓系统,既有相同之处又有不同之处。本文尝试以《红楼梦》与其越南语译本为例,从社会文化的视点出发,以其中社交称谓语作为考察对象,通过原著与其越南语译本社交称谓语的对比分析,探讨汉越社交称谓语的异同。

关键词:社交称谓语;《红楼梦》;越南语译本

1. 引　言

社交称谓语指对亲属之外所有其他人的称呼用语。它是人们在社会交际中使用的称谓,反映了交际各方的社会关系、社会角色以及尊敬程度等,如教授、科长、经理等。中越两国传统文化与历史发展的差异,孕育了汉越两种语言在社交称谓语上的民族特色与语言文化特征的不同。

《红楼梦》这一经典的巨著包含着各大家族之间复杂的称谓关系。除了庞大而复杂的亲属关系称谓以外,还有复杂的社交称谓系统。

2. 越南语社交称谓语

社交称谓是在一定的具体社会交际的语言环境中形成的称谓语,是针对具体交际对象、表达内容、感情色彩以及表达效果的制约而采用的相应称谓形式,社交称谓语直接反映了人类社会的政治制度和人际关系。人们在日常生活中除了亲戚关系,面对的大部分关系是社交关系,主要有朋友关系、工作关系等,在社交活动中按场合可分为:

1)正式场合称谓

正式场合称谓主要是指外交活动、重大会议等非常正式的场合中的称呼语,一般为:职

① 李梅芳,女,云南大学外国语学院讲师,研究方向:越南语言文学。

务 + 姓名、同志（先生、女士）+ 姓名等。如：Chủ tịch Nguyễn Phú Trọng（阮富仲主席）、Thủ tướng Nguyễn Xuân Phúc（阮春福总理）、……

2）非正式场合称谓

非正式场合称谓和汉语不同的是，在一般的人际交往中（工作关系、朋友关系、一般关系），或是在公众场所、学校、医院等场合中，大多采用亲属称谓来称呼，即使是陌生人之间也是如此。其构成方式一般为：亲属称谓 + 名字，如：chú Thành（成叔）、cô Hồng（红姑姑）等；也有直接用亲属词称呼的，这里主要是根据年龄，如：cô（姑姑）、bà（奶奶、对一般女性的尊称）、ông（爷爷、对一般男性的尊称）、chị（姐姐）等 。越南语的社会称谓系统看起来简单，实际上并非如此。由于在交往中人们需要考虑对方的年龄、地位、身份、亲疏程度等因素，所以社交称谓表现得更加纷繁和复杂多样。

3.《红楼梦》越译本中社交称谓语的翻译

社交称谓有广义、狭义之分，广义上的社交称谓，指的是除了亲属称谓外的所有称谓，表示人与人之间的社会关系和人的社会分类的人称名词，包括职衔称谓、人称代词称谓、礼貌称谓、姓名称谓、拟亲属称谓以及通用称谓。下面就从这几个方面对《红楼梦》中的社会称谓进行分析阐述。

3.1　职衔称谓

职衔称谓是人们由于职务、官职原因所获得的称谓。如“医生”“局长”“校长”等。由于汉语社会称谓中的行业、职务称谓语很发达，通常情况下用职业职务名称来称呼对方，如“张科长、王教授、黎经理”等。尤其是在工作场所和正式场合，一般都不用亲属称谓语，而是用职业职务称谓语来称呼。而越南语社会称谓语中并没有这种现象，在上下级、平级的关系中，一般都是根据年龄和辈分采用“亲属称谓词 + 名”的方式称呼，如“ông Thanh（对上级和长辈多采用此称谓）、cháu Minh（对下级和晚辈）”。在《红楼梦》越译本中，对于这类称谓，作者多采用直译。如下例：

（1）尤氏凤姐等上来启道：“筵宴齐备，请*贵妃*游幸。”（十回，尤氏凤姐称元春）

译文：

Bọn Vưu thị, Phượng Thư lên tâu:

— Tiệc yến bày xong, xin mời ***Quý phi*** ra ngự.

（2）老尼道：“……我想如今*长安节度使云老爷*，与府上相契，……”（十五回，老尼称长安节度使云老爷）

译文：

Sư giả đáp:

– ...Tôi nghĩ hiện nay cụ Vân làm ***Tiết độ sứ Trường An*** là chỗ thân với phủ ta. ...

(3) 贾珍站在台矶上,因问:"管家在那里?"(二十九回,贾珍称管家)

译文:

Giả Trân đứng ở bên thềm hỏi: "***quản gia*** đâu? "

以上职衔称谓都采用了相同的翻译方法,即直译。这样可以很好地反映原文的意思,同时也让读者容易明白原文的意思。而且通过对比可知,汉语中十分注重用官衔、职位来表达对对方的尊敬,而在越南语称谓中,对上司、政府官员的人称指代也多使用含亲属关系的称谓语。

3.2 人称代词称谓

人称代词是人们在日常生活交际中很常用的一类词。交际场合不同,所选用的人称代词也不同,其感情色彩也不相同。和汉语人称代词语法职能相同的是,越南语人称代词也用来指代人。但汉语和越南语的人称代词在实际应用中是有很大差异的,同时也带有各自的民族文化色彩。汉语人称代词一般如"我、我们、你、你们、他、他们、她们"等,都是没有感情色彩的中性词。其中第二人称单数"您"和第三人称单数"她"除外,"您"在语言交际中有尊敬的意思,常用来称呼辈分或职业较高的对象。"她"在特定修辞中表示崇敬赞美的意思。和汉语相比,越南语则完全不同,越南语人称代词如"tao、chúng tao、chúng mày、hắn、nó、chúng nó、bay、chúng"等在特定的语言环境都带有尊卑、爱憎、亲疏等不同的感情色彩。只有一小部分越南语人称代词如:"tôi、chúng tôi、chúng ta"是中性词。因此,严格地说,在汉语和越南语的人称代词中,几乎找不到完全相对应的人称代词。除此之外,在越南,人们习惯将在家庭成员之间使用的一些称谓词(表示亲属关系的名词)用作人称代词。也就是把cụ(太爷、太婆),ông(爷爷、外公),bà(奶奶、婆婆),bác(伯父、伯母),cô(姑姑),anh(哥哥),chị(姐姐),em(弟弟、妹妹),cháu(侄、甥、孙儿、孙女)等家族称谓名词用到社交中去。(林明华 1994:51)

《红楼梦》中的人称代词称谓语主要有我、吾、咱、您、你、汝、他等。其中"您"还没有得到广泛使用。以下是《红楼梦》越译本中人称代词的翻译。

1)第一人称

第一人称指说话人自己,也叫自称,汉语中的第一人称词主要是:我、我们、吾、咱们等,其中"吾"常用在古汉语中;越南语常用的单数代词有 tôi、tao、mình、tớ,常用的复数代词有:chúng tôi、chúng ta、chúng tao、chúng mình 等。

(1)宝玉笑道:"依 ***我*** 的主意,咱们竟找花大姐姐去,瞧他在家作什么呢。"茗烟笑道:"好,好! 倒忘了他家。"又道:"他们知道了,说我引着二爷胡走,要打 ***我*** 呢?"(十九回,宝玉和茗烟对话)

译文：

– Cứ ý *ta*, chúng ta đến thăm chị Hoa xem chị làm gì?

– Được, được, nhưng tôi không nhớ nhà chị ta.Vả lại, nếu họ biết tôi dẫn cậu đi chơi nhảm, thì *tôi* sẽ bị đòn.

(2) 小红笑道："奶奶有什么话，只管吩咐*我*去说；若说的不齐全，误了奶奶的事，任凭奶奶责罚就是了。"（二十七回，王熙凤和红玉的对话）

译文：

– Mợ có việc gì xin cứ bảo, nếu ***cháu*** nói không rạnh mạch, làm hỏng việc, mợ cứ trách phạt.

(3) 贾母道："今儿原是我特带着你们取乐，*咱们*只管咱们的，别理他们……"（二十二回）

译文：

Giả Mẫu nói:

– Hôm nay ta cốt cùng các cháu bày cuộc vui. ***Chúng ta*** cứ biết chúng ta, đừng nghĩ đến các bà ấy...

原文中宝玉和王熙凤对下人的自称"我"在越南语译本中均译为"ta"（我，对卑辈自称）；红玉和王熙凤对话时自称的"我"译为亲属称谓"cháu"（侄，小辈自称），而原文（1）中茗烟对宝玉的自称"我"则译为越南语的第一人称"tôi"（我）。原文（3）中的"咱们"都包括听者在内，译为"chúng ta"。值得注意的是"chúng tôi""chúng ta"都没有包含太多的感情色彩，而当需要表示某种感情色彩或亲属倾向时也用"chúng mình""chúng tao""bọn mình"等词。

2）第二人称

第二人称指听话人（单数或复数），即汉语常用的第二人称代词，主要有以下几个：你、你们、尔、汝等，其中，"尔、汝"常用在古汉语中；越南语常用代词有：mày、mi、cậu、bạn等。和汉语不同的是这些人称代词在不同程度上都带有亲密、疏远或藐视对方的意味。

(1) 宝玉笑道："倒难为*你*了。"（十九回，宝玉称袭人哥哥）

译文：

Bảo Ngọc cười nói:

– Làm phiền ***anh*** quá.

(2) 袭人听了，才把心放下来，说道："*你*也胡闹了，可作什么来呢？"（十九回，袭人称宝玉）

译文：

Tập Nhân nghe xong mới yên lòng, nói:

— ***Cậu*** cũng liều quá, đến đây làm gì?

(3)宝玉便道："罢了，罢了！好蠢东西！*你*也轻些儿，难道没见别人戴过？让我自己戴罢。"（八回，宝玉称丫环）

译文：

Bảo Ngọc nói ngay:

— Thôi!Thôi! Đồ ngu! Nhe nhẹ chứ. ***Mày*** không thấy người ta đội mũ như thế nào à? để tao đội lấy vậy.

第二人称代词"你"在越南语译本中各不相同，其中一部分采用的是亲属称谓，如：宝玉对袭人哥哥的称谓"anh"（哥哥）；一些词译为越南语的第二人称，如：袭人对宝玉的称谓"Cậu"（年轻人之间的昵称），宝玉对丫环的称谓"mày"（你，卑称）；译文中的人称代词都带有冷漠、亲切等不同的感情色彩，如原文(2)中袭人对宝玉的称呼"你"译为"Cậu"则表示交谈者关系亲密、感情融洽；而原文(3)中宝玉对丫环的称呼"你"表示关系紧张的，作者则译为"mày"。但在有些对话中，表示关系亲密时也会译为"mày"。

3)第三人称

第三人称是代表说话者和听话者之外的人，汉语常用的第三人称代词有他、他们、她、她们、它、它们。在《红楼梦》这部作品中，第三人称单数均用"他"；越南语的第三人称分别为：nó、hắn、chúng nó、họ等，和第二人称代词一样，这些词在不同程度上带有对被指对象疏远或藐视的色彩，使用时都很谨慎。

(1)又向贾珍道："珍阿哥带他去吧，给*他*些钱买果子吃，叫人别难为了他。"（二十九回，贾母称小道士）

译文：

Lại bảo Giả Trân:

— Cháu dẫn nó ra cho ***nó*** ít tiền ăn quà và đừng ai nạt nộ nó!

(2)尤氏向贾珍道："从来不像*他*说的痛快，想必用药不错的。"（十回，尤氏称张医生）

译文：

Vưu thị nói:

— Bấy nay các ông lang dều không ai nói được rành mạch như thế, chắc ***ông ấy*** dùng thuốc không lầm.

这里贾母对小道士的称谓"他"译为越南语的第三人称代词"nó"（他，卑称），而尤氏对张医生的称谓"他"则译为"ông ấy"（他），其中"ông"（对长者的称呼），有尊敬的意思；这种"他称"也是越南语中常见的第三人称，即"名词 + ấy"意为"他、她"；为了保持和前文一致，有时也采用和前文内容相同的称谓。

从以上几个例子可以看出，越南语的亲属称谓词既可以在交谈双方自称时使用，也可以指说话者对方。根据交际场合的不同，选择不同的感情色彩的人称代词。汉语的中性词人称代词如你、我、他、你们、我们、他们等，在译成越南语时候大多使用带有不同感情色彩的人称代词或亲属称谓语。这主要是因为我们在越南语中找不到与原文意思完全相同的其他人称代词。然而，总的来说，这样的翻译并不损害原文的意思，因为原文的语气或者内容可以从文中人称代词中得到体现。

3.3 礼貌称谓

受中国封建宗法制度以及封建思想道德观念的影响，君主和大臣、大臣和大臣、大臣和人民之间都有各自不同的称谓，不可以混用。用表示尊敬的称谓来称呼对方是中国传统文化的一部分，在古代社会叫作尊称或敬称。在越南，只有在非常正式的场合，如：外交活动、重大会议时，称呼语用职务 + 姓名、同志（先生、女士）+ 姓名等；而在一般的人际交往中，如：同事关系、朋友关系、一般关系以及学校、公司、医院等公众场所，大多都采用亲属称谓来称呼，即使是陌生人之间也是如此。越南语的亲属词在社会交际中使用很广泛，人们在谈话时往往会考虑对方的年龄、地位、社会身份、亲疏程度、感情等，这些因素导致了越南语的社交称谓表现得更加复杂而多样。

中华民族的传统美德是讲究礼貌、崇尚谦虚礼让。人们在说话时总是尽量保持谦卑，对待别人也总是担心礼节是否周到。于是在社交称谓中产生了和敬称相对应的谦称，如：先生——晚生，令郎——小犬，贤弟——愚弟，大人——下官等。越南语中几乎没有与之意思相对应的称谓，这主要是由于两国文化的差异，由于越南人本身的文化心理，往往很难理解这些谦称称谓语的文化内涵。越南语中的称谓一般不区分尊称和谦称，其主要原因在于表示礼貌方式的不同。汉语表示礼貌时常用丰富的尊称和谦称词语，越南语多用表示礼貌的语气词。

汉语与越南语中，晚辈称呼长辈必须使用亲属称谓语，不可以直接称呼长辈的姓名，否则就会被看成很不礼貌的行为。这样不但能表示双方的亲疏关系，而且也能表示晚辈对长辈的尊敬。例如：

（1）凤姐儿等忙站起来，笑道：“*大娘* 坐下。”又都向他道喜。（四十五回，凤姐称赖嬷嬷）

译文：

Phương Thư vội đứng dậy cười nói:“Mời ***bà*** ngồi chơi.” Rồi họ đều ngỏ lời mừng bà ấy.

（2）彼时黛玉宝钗等也走过来劝道：“妈妈，你*老人家* 担待他们些就完了。”（二十回，黛玉称李嬷嬷）

译文：

Bấy giờ Đại Ngọc, Bảo Thoa cũng đén khuyên ngăn:

– Thôi ***u*** rộng lượng tha thứ cho họ.

（3）众清客在旁笑道：“*老世翁* 所见极是。……”（十七回，众清客称贾政）

译文：

Bọn gia khách đứng bên cạnh nói:

– ***Ngài*** nghĩ rất phải. …

中国是重视礼仪教养的国家，为了表示对长辈的尊敬，原文(1)中身为主子的王熙凤称赖嬷嬷为"大娘"，原文(2)黛玉、宝钗称李嬷嬷"妈妈"，是社会人之间对年长已婚妇女的尊称。这里并不根据亲属关系来称呼，除年龄因素，还和说话人的社会地位有关系。由于在越南语中没有这样的称谓，作者翻译为"u"妈、娘(农村俗称)。原文(3)中贾政家的清客们尊称贾政为"老世翁"，称贾宝玉为"世兄"，这些称谓固然反映出了众清客的阿谀奉承，但同时他们也因为地位关系不得不这样称呼。

在此译本中，汉语的自称词在大多数情况下，译为越南语的第一人称词。例如：

(1)雨村起身亦让道："老先生请便，*晚生*乃常造之客，稍候何妨。"(一回，雨村自称晚生)

译文：

Vũ Thôn cũng đứng dậy khiêm tốn nói:

– Xin tiên sinh cứ tự tiện, ***tôi*** đến chơi luôn, có chờ một lúc cũng chẳng sao.

(2)贾政陪笑道："*犬子*岂敢谬承金奖，赖藩郡余祯，果如所言，亦荫生辈之幸也。"(十五回，贾政对北静王称宝玉)

译文：

Giả Chính cười nói:

– ***Cháu*** ngu dại đâu dám nhận những lời vàng ngọc ấy. Nhờ ơn đức người, được thế thì thật là may cho chúng tôi.

原文(1)中贾雨村的自称为"晚生"，在越南语译本中，这些谦称均译为越南语的第一人称词"tôi"(我)。原文中的"犬子""贱内""家父""家母"都是自谦的说法，由于越南语的谦称不体现在词语上，因此作者在这里只是按照原著的意思分别译为"**cháu**"(儿子、孩子)、"**nhà tôi**"(我妻子)、"cha tôi"(我父亲)、"mẹ tôi"(我母亲)。此类谦称还有很多，如小儿、小犬、小婿、家父母、家姐、家祖母、家岳母、贱内、贱荆、犬妇、弟妇、愚姊妹等(王家宏，2006：7)。

在等级社会中，使用何种称谓的主要因素是尊卑及等级。根深蒂固的宗法制度观念主导着那时候人们的意识，无论是在有形还是在无形中都规定人们必须按照尊卑等级关系选取适合自己的称呼去自称或者称呼对方，这样，称谓语也具体地反映了当时社会人与人之间尊卑贵贱的等级关系。《红楼梦》中所使用的这些称谓正是这种等级关系的一个缩影。

3.4 姓名称谓

姓名称谓在汉语中运用非常广泛，可以全称，如：张飞、李广等，也可以只称名字，还可以只称姓，如：小李、小刘、小赵等。越南语称谓语只有在很特殊的情况下才用姓，而很少单独使用姓名称谓。常用亲属称谓词和名字结合的方式,也即"亲属称谓词+名"如:"cô Lan(兰老师、兰姑姑)、chị Hoa(华姐)"等;和越南语称呼方式不同的是,汉语的称呼方式是"名(姓)+亲属称谓语。"如:"凤姐、小红妹妹"等,《红楼梦》中的这种称呼及其对应越南语如下:

(1)于是三四人争着打帘子,一面听得人说:"*林姑娘*来了。"(三回,丫环称林黛玉)

译文:

Rồi ba bốn người tranh nhau vén rèm. Nghe có người nói to:

– ***Cô Lâm*** đã đến.

(2)那些人只嚷:"快请出*甄爷*来!"(二回,公差称甄士隐)

译文:

Tên kia nói to:

– Mời ngay ***ông Chân*** ra đây!

作者翻译时按照越南语的习惯选择适当的亲属称谓并使之前置,如原文中的"林姑娘"(cô Lâm)、"甄爷"(ông Chân)。这样既不改变原著的意思,又符合越南语的习惯。

3.5 拟亲属称谓

拟亲属称谓是汉语中使用亲属称谓称呼非亲属的一种语言表达方式。在《红楼梦》中,说话人使用拟亲属称谓语自称时常以晚辈自称。其构成方式为直接使用亲属称谓语或"老、小、大、姓+亲属称谓语",如"弟""小弟"等。(马莹,2003:12)越南语中亲属称谓词覆盖面广,适用范围大,并且已经成为一种习惯,很难被其他称谓方式所代替。其构成方式是:亲属称谓词+名(姓、职位)。《红楼梦》越译本中的这类称谓大多按照原著采用意译。

(1)宝玉薛蟠都笑道:"一向少会。*老世伯*身上安好?"(二十六回,宝玉、薛蟠称冯紫英父亲)

译文:

Bảo Ngọc, Tiết Bàn đều cười, nói:

– Lâu lắm không được gặp anh. ***Bác nhà*** có được mạnh khoẻ không?

(2)刘姥姥只得挨上前来问:"*太爷们*纳福。"(六回,刘姥姥称众仆人)

译文:

Già Lưu rón rén lại chào:

Lạy các ***ông*** ạ!

从以上例句可以看出,《红楼梦》中拟亲属称谓的使用充分地反映出说话人与听话人之间的社会地位差异、年龄差异,以及双方的亲疏关系等。当说话人与听话人处于相同的社会地位或说话人地位高于听话人时,说话者一般是根据年龄原则来称呼,如原文(1)中薛蟠和宝玉称冯紫英的父亲为"老世伯";而当说话人地位低于听话人时,说话人一般根据地位原则来称呼,如原文(2)中刘姥姥对贾府仆人的称呼"太爷们";说话人地位高于听话人时,出于交际目的,也可根据礼貌原则来称呼。除此之外,说话者在使用拟亲属称谓时还常常考虑到语言环境因素、听话人或被指称人的性别等。这里不一一详述。

3.6 通用称谓

通用称谓,指社会交际中通用的称呼,指人们在公共场所不用区分交谈双方的职业、头衔甚至年龄所使用的称谓。这种称谓的特点是:数量少,对对象的区分不很严格,适用范围广泛,如:同志、小姐、朋友、师傅、先生等。和汉语称谓语相比,越南语称谓中的通称很少,而且覆盖面比较小。越南语中有两个词"ngài"(阁下)和"đồng chí"(同志)属于通称,但并未在社会上通行,只在特殊场合,如外交活动和相关会议中使用。《红楼梦》这篇文学巨著中也不乏这类称谓,如:

(1)彼时黛玉宝钗等也走过来劝道:"妈妈,你老人家担待他们些就完了。"(二十回,黛玉称李嬷嬷)

译文:

Bấy giờ Đại Ngọc, Bảo Thoa cũng đén khuyên ngăn:

– Thôi ***u*** rộng lượng tha thứ cho họ.

(2)当下雨村见了士隐,忙施礼道:"老先生倚门伫望,敢街市上又甚新闻么?"(一回,贾雨村称甄士隐)

译文:

Vũ Thôn trông thấy Sĩ Ẩn, vội vàng chào hỏi:

– ***Tiên sinh*** đứng ngóng gì đấy, chắc ngoài phố có cái gì mới lạ?

通用称谓在一定程度上反映了一个社会的风气、人际关系的远近和社会关系的深层特征。在《红楼梦》这部描写封建家族的小说中,人们多用敬称来表示对对方的尊敬,因此这类称谓出现并不多。原文(1)中对李嬷嬷的称谓"老人家"在越南语中并没有译出,而是和前面的"妈妈"译为一句;原文(2)中作者为了保持和原著的一致,将贾雨村对甄士隐的称呼"老先生"译为"Tiên sinh"(先生),而这样的称谓在越南语中几乎不用。

4. 结 语

通过对《红楼梦》社交称谓语运用的分析,可以看出汉语和越南语在社会关系上有着很大的差异。作为一种带有浓郁民族文化色彩的语言现象,或者说是表现其民族文化的一种语言形式,这种语言现象和民族文化是互相影响、互相渗透的,并在称谓语中体现出他的民族心理以及其文化思想内涵。

由于历史的原因,中国古代的儒家文化和传统思想对越南文化的影响很大。其中影响最大的两个方面是治理国家的方法和教育。然而，在接受外来文化时，越南并不是全盘接受，而是取其所长，然后使之越南化。家族在中国古代社会中的关键地位也成为越南文化的一个主体方面。家庭的地位至关重要，个人直接赖以生存的群体是家庭而不是社会，因而个人长期为家庭观念所束缚，把社会当作家庭。这种传统文化现在仍然深刻地影响着人们的社会行为，因而在社会交际中仍然常常把社会当作家庭，把社会交际对象视为亲属成员。在这种人际关系中，人们家庭观念极强，感情色彩浓厚。用亲属称谓词称呼非亲属对象，一方面表达了对对方的尊敬和恭顺之意，同时也表达了对对方慈爱和友好的情意。与此相适应，就以自然关系来确立人们的社会关系，形成了庞大的亲属称谓词系统，并且运用到社会交际中，渗透到日常生活交际中，形成了比较深刻的语言习惯，并一直延续至现代。因此，越南语称呼语便通过社会称谓的亲属化表现出人与人之间亲密和谐的关系，于是增加社交双方彼此的感情便成为越南语称谓词的目的与方式。

参考文献

[1] Vũ Bội Hoàng、Nguyễn Thọ. Ngyuễn Doãn Địch dịch, 2007. Hồng lâu mộng[M]. Hà Nội: Nhà xuất bản Văn học.

[2] Nguyễn Văn Khang (chủ biên) , 1996. Ứng xử ngôn ngữ trong giao tiếp[M]. Hà Nội: Nhà xuấtbản Văn hóa ——Thông tin.

[3] Nguyễn Tài Cẩn, 2003. Một số chứng tích về ngôn ngữ,văn tự và văn hóa[M]. Hà Nội :NXB Đạihọc Quốc gia Hà Nội.

[4] Phạm Ngọc Hàm, 1993. Đôi nét về cách sử dụng đại từ nhân xưng trong giao tiếp tiếng Hán[J]. Tạpchí *Ngôn ngữ*, số7.

曹雪芹, 高鹗, 2007. 红楼梦[M]. 北京:中华书局.

韩明, 2003. 汉越称谓法对比初探[J]. 广西师范大学学报,39(2):152-156.

梁远, 温日豪, 2005. 实用汉越互译技巧[M]. 北京:民族出版社.

林明华, 1994. 越语称谓与人称代词[J]. 现代外语(3):51-54.

马莹, 2003.《红楼梦》中拟亲属称谓语的语用原则及语用功能[J]. 淮南师范学院学报(2):12-14.

王家宏, 2006.《红楼梦》称谓语研究[D]. 重庆:西南大学.

游戏化学习在基础日语翻转课堂中的教学实践

李月婷[①]

摘　要:2013 年以来,很多学者从不同角度对翻转课堂进行了大量的理论和实践研究。关于游戏化学习与翻转课堂的研究相对偏少,但仍有一定数量的研究成果。另外,游戏化学习在翻转课堂中的研究大多停留在理论研究阶段,鲜有教学实践研究。本文以基础日语为研究对象,探讨了游戏化学习在基础日语翻转课堂实践中出现的问题以及解决办法。

关键词:游戏化学习;翻转课堂;基础日语

1.引　言

翻转课堂也称为颠倒课堂,指的是在信息化环境中,有教师提供以教学视频为主要形式的学习资源,学生在上课前完成对学习资源的学习,师生在课堂上一起完成作业答疑、协作探究和互动交流等活动的一种新型教学模式(钟晓流 等,2013:58)。翻转课堂的教学模式自 2011 年引入国内,在 2013 年之后学术界从不同角度对其进行了大量的理论、应用研究。在知网中输入翻转课堂进行检索,共查询到 20 000 多篇论文。游戏化学习指把学习融入游戏中,有关游戏化学习的论文数量虽然远远比不上翻转课堂,但在知网中以“游戏化学习”作为关键词进行检索,也有 453 篇论文符合条件。可是把游戏化学习与翻转课堂同时作为关键词输入知网,仅仅查到 19 篇论文。其中,第一篇论文发表于 2013 年,之后每年 2 ~ 3 篇,2018 年最多,共有 8 篇论文在国内公开发表。虽然关于游戏化学习与翻转课堂结合的研究并不多,但游戏化学习在教育教学改革中起着积极的促进作用,即能够激发学习者的学习动机、提高学习者的创新能力,发展学习者创造性与批判性等高阶思维能力。但翻转课堂的开展需要消耗学生大量的业余时间,却没有一个合理激发学生学习兴趣的机制(马鑫倩,2018:8)。游戏化学习主张在教学中借鉴游戏的设计策略来延展师生双方的内在动机,通过情景

① 李月婷,云南大学外国语学院讲师,研究方向:日语语言学、日语教育。

式挑战任务促进学生完整且高层次的认知思考历程。它与翻转课堂有着内在的一致性。游戏精神与翻转式教学法的有效整合可以使课堂翻转的形式更具内涵,使课堂教学焕发生机(刘倩,2018:30)。由于游戏可以弥补翻转课堂缺乏激励学生学习兴趣的不足,两者在提高学习者创新能力、培养学生高阶认知思维等内在方面又有着一致性,所以把它们进行有效结合,可以得到更好的效果。

目前,融合了游戏化学习与翻转课堂的研究大部分还处于理论研究的层面,鲜有教学实践的研究成果。而细化到日语学科,在知网上可以查阅到翻转课堂在教学改革、教学实践等方面的研究,但还查阅不到游戏化学习与翻转课堂相结合运用到日语学科的研究。本文拟从教学实践的角度探讨结合了游戏化学习的翻转课堂在基础日语课堂中的运用。

2. 教学实践

偏重知识型和综合型课程导入翻转课堂,课堂教学前学生已经完成一次新知识的内化,课堂教学上的二次内化有助于学生将所得知识更加熟练,是提高学生自主学习能力和学习兴趣的有效教学模式。综合性课程主要包括:基础日语和高级日语(王琪,2015:60)。基础日语开设的时间为大一一学年,这一学年正是打基础的关键时期,如果把基础打好,可以让学生喜欢上学习日语,所以相比高级日语,笔者更倾向于选择基础日语进行教学实践。

虽然游戏化学习和翻转课堂都有利于培养学生的创新能力和高阶思维,但与理工学科相比,外语专业对学生创新能力和高阶思维培养的要求较低,因此学生的学习兴趣就显得格外重要。如果学生对该门课程感兴趣,就愿意花时间认真完成教师布置的作业并且主动查找与课程相关的知识。反之,如果学生不感兴趣,则会表现出消极、敷衍的态度,交差了事。目前,因为就业等诸多因素的影响,全国大部分学校日语专业存在调剂生多、学生的学习兴趣不高的现象。有些学生一进校就开始考虑转专业,在转专业无果之后,采取消极的学习态度面对专业学习。如何激发日语专业学生的学习兴趣成了全国大部分日语专业面临的问题。引入翻转课堂可以改变传统课堂的教师讲授、学生记笔记和教师主动、学生被动的教学模式,学生变成课堂的主体,能够一定程度上调动学生参与课堂的积极性,激发学生的学习兴趣。但由于翻转课堂对学生自主学习能力要求高,课前预习任务重,会占用学生大量的课外时间,对于原本对日语不感兴趣的学生来说,仅靠翻转课堂很难提高他们学习日语的兴趣。而游戏化学习可以让学习更科学、更快乐、更有效(尚俊杰,2018:103)。基于以上原因,笔者选择基础日语进行融入游戏化学习翻转课堂的教学实践。

2.1 课前准备

2.1.1 筛选翻转内容

在进行教学实践之前,从基础日语课程中确定需要翻转的内容。因为日语专业调剂生多，有学生一开始就对日语有抵触情绪。另外，相比高年级的学生，新生在没有任何既定模式的束缚下能够轻松接受教师的教学方法，所以选择大一新生基础日语课程五十音图中的一部分作为翻转内容进行教学实践。相比自主学习，发音的学习需要教师面对面地指导，这样更容易正确掌握发音。因此日语中的元音以及学生难掌握的促音、长音等特殊发音采用传统的教学方法，而「な」「は」「ま」「や」「ら」行，浊音，拗音，五十音图总复习则采用融入游戏化学习翻转课堂的教学模式。

2.1.2　学习微视频内容，做好课堂游戏准备

在上课之前，筛选出五十音图的学习软件并让学生下载、学习。因为手机移动端的普及和便利，学生的自主学习主要通过手机终端完成。本文让学生下载的两款手机 APP 为早道五十音图和今川日语。在学生观看完两款 APP 的微视频后，要求学生完成附带的练习，然后对所学发音进行视频录音并通过微信上传。教师在接收到视频录音后对学生的发音进行点评，发音问题多的学生需要在听取教师的点评后，再次完成视频录音并上传。

完成以上工作后，录制与 APP 内容相关的微视频发给学生并告知学生微视频中的单词将会在课堂游戏中出现，要求学生做到熟练朗读。微视频分为两部分：第一部分为单词听写，视频里教师读出单词，学生边看视频边写出听到的单词。第二部分为答案展示，教师一边读第一部分视频中出现的单词，一边通过卡片向学生展示所读单词，学生则跟读并订正之前听写的单词。通过听写的方式，可以帮助学生强化假名的发音、书写，还可以通过引入单词让学生熟悉日语的音调并开始单词的积累。

为了检验学生作业的完成情况，使用含有所学假名的单词再次录制听写的微视频发给学生，要求学生写出微视频中的单词后拍照发给教师，由教师批改、打分。

2.2　课堂游戏活动

2.2.1　初始游戏方案

游戏是否能顺利进行跟学生课前自主学习的效果息息相关，因此在进行游戏之前，使用くもん出版的ひらがなカード和カタカナカード复习课前学生自主学习的假名。之后把 25 名学生随机分为 5 组，每组指定一名小组长，把准备好的卡片和单词表发给组长，宣布游戏规则。游戏的名称为“カード取り”，也就是抢卡片游戏。分发给小组长的卡片上写有学生课前听写并订正过的单词，一个单词一张卡片，共有 30 张卡片。把印有单词的一面朝上分别放在桌子上，小组长随机读出单词表上的单词（一个单词只出现一次），剩下的 4 位同学听到单词后，从桌子上的卡片中挑走对应的卡片，如果挑错，扣掉一张卡片，游戏结束时手里卡片最多的人获胜。一轮游戏结束后，每组的第一名进入下一轮游戏，剩下的人更换组长后再进行一次相同的游戏。为优胜者准备的第二轮游戏为“カルタ取り”，游戏道具从卡片换为学研出版的ことわざカルタ，内容从单词变为谚语，由于朗读难度加大，这一部分由教师负责朗读。

宣布了游戏规则之后，分组进行游戏。在游戏开始之后，教师主要负责为学生提供帮助，协助游戏的开展。虽然在课前和课上都设置了帮助学生内化五十音图的环节，但由于接受能力的差异，学习效果参差不齐。被指定为小组长的学生知识内化效果好，流利地读出卡片上的假名，该组的游戏进展顺利，反之，知识内化效果不理想，读卡片上的假名时，不断向教师、组员寻求帮助的小组游戏进展缓慢，游戏结束时间滞后于其他小组，影响了第二轮游戏的开展。

选出5组优胜者之后，从剩余的每组4名成员中指定1名小组长重复第一轮的游戏。优胜者通关进入第二轮游戏。第二轮游戏道具为谚语的カルタ，因为朗读难度大，由教师负责朗读。在游戏开始后，教师因为需要朗读，没有办法为其他4组提供帮助，游戏呈现自主状态，不久后，有学生开始聊天、打闹，影响了游戏的效果。

2.2.2　存在的问题

(1)不可控因素导致游戏进度出现快慢

在初始游戏方案中，把25名学生随机分成5组，然后随机指定朗读卡片的小组长。由于学生学习能力的差异导致知识内化效果不同，有的小组长可以正确读出卡片上的单词，有的小组长在考虑一番之后，读错假名，导致小组成员无法挑选出与之对应的卡片，小组长只好寻求组员或者教师的帮助，如此反复，游戏速度远远落后于能正确读出单词的小组。学习效果不好的小组长接连不断的失误也影响了组员参与游戏的积极性。随机挑选小组长导致能否正确读出单词变得不可控，要解决这一问题，需要把不可控因素转变为可控因素。解决的办法是在分组后，不再指定小组长朗读单词，而是把课堂游戏中出现的单词全部提前录音，进行游戏时通过播放录音统一游戏的进度，减少不可控因素带来的负面影响。

(2)重复相同游戏带来的审美疲劳

实施初始游戏方案时，在第一轮游戏结束，每组选拔出一名优胜者之后，剩下的同学重复一遍第一轮游戏。原本计划通过重复游戏的方式帮助五十音图掌握不太好的学生再次内化所学知识，但从实施的效果来看，在重复第一轮游戏时，小组中已出现聊天、打闹的情况。长期采取一种固定的游戏模板，势必会引起学生的审美疲劳，使教学效果大打折扣(陈中，2014:95)。虽然并不是长期采取一种固定的游戏模板，但短时间内单一游戏内容的重复也会让学生产生审美疲劳，削弱学生参与游戏的积极性，进而影响教学效果。为了避免游戏内容简单重复带来的审美疲劳，考虑加大游戏难度，在选择游戏的单词时，不再局限于课前教学视频中出现过的单词，而是把范围扩大到涉及所学假名的单词。通过提高难度的方法，避免重复游戏带来的审美疲劳，让学生保持参与的热情，积极投入游戏活动中。

2.2.3　进阶游戏致使课堂难以把控

张金磊在翻转课堂设计需求与游戏化设计策略的对应关系中提出目标分层策略、游戏关卡策略、动机激发与奖励策略的实施方法案例分别是升级、通关、极品装备、排行榜(张金磊、张宝辉，2013:74)，为了激发学生参与课堂游戏的积极性，参考了张金磊的研究后，在初始游戏方案中设计了进阶游戏。但具体实施之后，发现在课堂游戏中安排进阶游戏虽然可行，但效果并不好，因为教师不可能同时兼顾没能进阶与进阶的游戏参与者。教师的分身乏术让进阶游戏变为一种形式，对提高教学效果没有太大的帮助。

2.3 最终游戏方案

在总结初始游戏中出现的问题之后，重新设计了游戏方案，游戏的名字仍然是カード取り，同样是随机把全班25名同学分成5组，只是不再指定小组长朗读，而是统一播放事先录制好的音频，让学生从桌上的卡片中挑选出与听到的录音相对应的卡片。录音中涉及的单词不再局限于课前学习视频中出现的单词，录音范围扩大到由已学假名构成的单词。播放完录音之后，让学生清点手上的卡片，按照拿到卡片的多少排出前5名进行奖励。第一轮游戏结束后，进行カルタ取り的游戏，与初始游戏方案不同的是，在最终游戏方案里参加者不再是每组的优胜者，而是全班一起参加，避免了教师无法兼顾到所有学生的问题。カルタ取り由单词变为句子，难度增加。考虑学生可能听一遍并不能找出对应的卡片，不使用播放音频的形式，而是由教师现场朗读，视学生选择的情况，增减朗读的次数。

3. 实践效果

笔者选择五十音图进行了6课时有关游戏化学习融入基础日语翻转课堂的教学实践，初始游戏方案在具体实施后，出现了一些问题。针对问题重新设计了游戏方案基本解决了初始游戏方案中出现的问题，保证了游戏化学习的效果。不管是初始化游戏方案还是最终游戏方案，相比其他传统的五十音图教学课堂，融入游戏化学习的翻转课堂，明显提高了学生参与课堂的积极性和学习的热情，课堂的气氛也更加活跃。在教学实践全部结束后，笔者进行了简单的调查，其中一个问题是“你更喜欢传统课堂还是融入游戏化学习的翻转课堂”，很多学生选择了游戏化学习的翻转课堂，学生回答喜欢翻转课堂的原因大部分是课堂上做游戏很快乐，更容易投入课堂学习中。关于是否愿意把每堂课都变成融入游戏化学习的翻转课堂，三分之二的学生选择了不愿意，原因各有不同。有同学担心每节课都游戏会影响教学进度；有同学认为翻转课堂的课前准备工作量太大，占用的时间太多，高频率的翻转会影响其他课程的学习；有同学认为自己自觉性不高，翻转课堂容易让自己产生惰性。从问卷调查和教学实践的结果来看，融入游戏化学习的翻转课堂确实可以提高学生的学习积极性，但由于学生自主学习能力不高，学习自觉性较差，不适合高频率运用。选择传统课堂为主，融入游戏化学习翻转课堂为辅的教学模式更符合学生的学习需要。

参考文献

陈中，2014. 基于游戏化学习的翻转课堂教学设计与实践[J]. 高等教育研究学报，37(4):80-99.

刘倩，2018. 翻转课堂的本土化困境与游戏化策略[J]. 高教探索(9)：29-33.

马鑫倩，2018. 游戏化学习国内研究综述[J]. 教育观察(7)：8-10.

尚俊杰，蒋宇，2018. 游戏化学习：让学习更科学、更快乐、更有效[J]. 人民教育(13-14)：102-104.

王琪，2015. 翻转课堂与高等院校日语专业教学模式改革[J]. 东北亚外语研究(3)：58-63.

张金磊，张宝辉，2013. 游戏化学习理论在翻转课堂中的教学应用[J]. 远程教育杂志(1)：73-78.

钟晓流，宋述强，焦丽珍，2013. 信息化环境中基于翻转课堂理念的教学设计研究[J]. 开放教育研究，19(1)：58-64.

新媒体环境下的大学生英语习得
——以云南大学为例[①]

孟　娜[②]

摘　要:本文通过对信息时代各类新媒体英语辅助教学软件的归纳描述,以及对云南大学数十个专业学生进行问卷调查,分析了新媒体英语辅助教学平台开发利用的现状及其利弊,基于党的十九大提出的"推进教育公平"方针和语言学家斯蒂芬·克拉申提出的语言输入假说理论,针对何为新媒体辅助教学平台、如何看待众多新媒体英语学习软件、如何将其与传统教学模式相结合、如何取其精华去其糟粕并加以有效利用从而促进新时代英语教学模式改革提出了笔者的看法。

关键词:新媒体;英语习得;英语教学

1.新媒体的定义和特点

21 世纪是互联网飞速发展的时代,数字技术和网络技术的日新月异、社交网络的蓬勃发展造就了信息快速传播的大数据时代,赋予了日常生活更加鲜明的快捷化特征,同时也衍生出一大批具有新媒体特征的辅助教学平台和软件,如慕课、微课、在线阅读、背单词 APP 等。

何为新媒体?相对于报纸、广播、电视等传统媒体而言,新媒体是指新的技术支撑体系下出现的媒体形态,如数字杂志、数字报纸、数字广播、手机短信、移动电视、网络、桌面视窗、数字电视、数字电影、触摸媒体等。新的技术支撑体系包括数字技术和网络技术,而新媒体就是利用这些技术通过互联网、宽带局域网、无线通信网、卫星等渠道,以及电脑、手机、数字电视等终端,向用户提供信息和娱乐服务的传播形态。联合国教科文组织对新媒体的定义是:"以数字技术为基础,以网络为载体进行信息传播的媒介"。当下流行的微信、微博、知乎

① 本文系"云南大学外国语学院教职工科研培育"项目阶段性成果。

② 孟娜,云南大学外国语学院讲师,研究方向:语言学、教育学、二语习得。

等都是新媒体很好的范例,在许多这样的社交类新媒体中,用户既是使用者,同时也是参与者。用户彼此交互,能够接收、使用或发布在线资源信息。因此,当新媒体网络平台与英语学习结合在一起,学习者不仅能够利用平台获取知识,同时能够利用平台发布资源、与其他使用者交流学习经验。信息时代背景下,顺应网络技术发展,改进传统教学方式,利用新媒体技术平台辅助教学优化教学手段、提升教学效果、推进教育公平,是高校教育工作改革和发展的必然趋势,学习应用新媒体教育技术也成为新时期教师们必修的课程。在新媒体教学平台和软件的帮助下,大学生英语学习也呈现出新的授课方式和学习途径。

关于新媒体的定义专家们众说纷纭,有宏观的、微观的、广义的、狭义的,各种定义之间存在外延与内涵、边界与范畴相互交叉的状况,这也说明了新媒体发展速度之快、变化形式之多。从这个意义上来说,新媒体具有以下特点:(1)新媒体具有一定价值和生命力:新媒体传播范围更广,方式更加便捷,相对于传统媒体,新媒体更具生命力;(2)新媒体受众广泛:由于传播平台的广泛和传播方式的便捷,新媒体作为信息载体可不受空间时间的限制;(3)新媒体平台上的发布内容具有一定的原创性:由于新媒体用户交互的特性,新媒体的传播内容也承载了个人或团体用户在一定时期内的原创性。新媒体的这些特点,决定了将其运用于英语教学的必然性和可行性,也决定了新媒体与英语教学结合过程中存在的优势和弊端。

2. 新媒体教学平台分类

随着新媒体的发展和普及,多种多样的信息化教学平台在帮助开展远程教学活动的同时,也能够促进教育资源更有效、更广泛地传播和流动,同时能够帮助学生利用课堂和课余时间随时随地进行学习。根据调查,当前高校学生最常接触到的新媒体辅助教学方式和学习软件如图 1 所示:

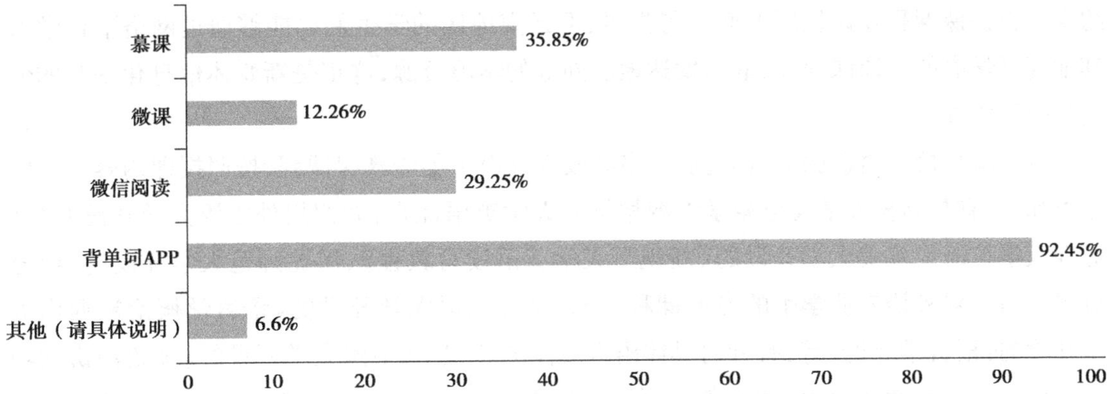

图 1　学生接触新媒体教学方式百分比

2.1 慕课(在线课程)

慕课(MOOC)为英文 Massive Open Online Course 的缩写,译为“大规模开放性在线课程”。慕课是近年来出现的一种在线课程开发模式,是“互联网＋教育”的产物。与传统的课堂教学相比,一门慕课的受众人数动辄成千上万人,甚至可以达到十几万人。慕课利用互联网技术,让世界各地甚至各行各业各个年龄段的学习者无论身处何处,只要对授课内容感兴趣,只需简单的网上注册即可参与听课。不仅如此,“慕课的‘大规模’还体现在更多的教师参与到教学之中。‘开放’,即学习成了一种开放的教育形式,没有地域、资源等限制。慕课是多年来世界‘开放教育资源’(Open Educational Resources, OER)运动的延续”(焦建利、王萍,2015:2)。学习过程、师生互动、小组讨论、考试测验都可以在线完成,学生们不分国籍、不分地域,只要有学习意愿都可以在线接触到同等的教育资源。

以云南地区高校为例,近几年在国家的大力扶持下,云南省的教育水平在各个方面都有了极大的提升,但相对于发达城市的教育水平无论从师资力量还是教育资源配置上都还有一定差距。而慕课的出现让云南等边疆地区高校的学生们也能够学习到诸如北京大学、复旦大学甚至斯坦福大学、哈佛大学等世界名校的优秀课程;无须出门,不受时间和空间限制,就可以共享发达地区的课程内容。

由美国斯坦福大学在 2012 年 3 月创办的 Coursera 是一个大型公开在线课程项目,项目旨在同世界顶尖大学合作,在线提供免费的网络公开课程。“截至 2014 年 3 月,全球已有 108 所大学加入 Coursera,所授课程超过 25 个学科、600 多门课程,授课语言包括英语、西班牙语、汉语、德语等 13 种语言,注册学习人数超过 500 万人”(焦建利、王萍,2015:25)。Coursera 于 2013 年 10 月进驻中国,首批加入的高校包括北京大学、南京大学、上海交通大学、复旦大学等,均为中国知名学府。云南省高校即使受到当地经济、教育、科技等因素的制约未能在慕课课程建设发展方面取得先机,但云南地区的学生们仍能够通过网络平台学习其他高等学府的慕课课程,获取与发达地区同等的学习资源,这正是新媒体信息化平台的便利与公平之处。

以中国高校外语慕课平台为例,许多高校都开设了英语慕课课程,按照授课内容和范围分类如下:有与高校大学英语教学大纲相符的大学英语课程,如四川外国语大学开设的《新标准大学英语》、集美大学开设的《新视野大学英语读写教程》、河北师范大学开设的《综合英语》;有针对外语专业学生的专业课程,如北京外国语大学开设的《语言学概论》、西南大学开设的《语言学导论》等;有针对具体语言技能的课程,如中南大学开设的《英语演讲技巧与实训》、南京大学开设的《学术英语写作》、集美大学开设的《英语听力技能与实践》;有聚焦英美文化的课程,如电子科技大学开设的《外国文学经典选读与现实观照》、郑州大学开设的《文化差异与跨文化交际》等。慕课网络平台上丰富多样的课程内容几乎包罗了英语语言学习内容的方方面面,云南地区高校的学生们足不出户也可以汲取其他优秀高校的高质量教学内容。

近年来，云南省各高校在慕课教学平台建设方面开展了卓有成效的工作，但距离发达地区和先进高校还有很大的差距。据笔者调查，云南省高校开设和提供的慕课课程涵盖了哲学、经济学、法学、文学、工农医学等几大类，云南大学提供的慕课课程更偏向于学生实际学习与生活所用的素质教育课程，如《花卉鉴赏》《创业课程》《零基础学编程》《文献管理与信息分析》等。根据大部分云南省高校的数据，除少数课程为本校开设外，其余课程资源均来自清华大学、上海交通大学、中国科技大学、香港城市大学等知名学府。其中鲜有用英语讲授的课程，也缺乏英语语言文学专业方面的课程。笔者针对云南大学本科生的调查问卷显示，只有35.85%的学生接触过慕课课程，有68.87%的学生希望学校能够开设与英语相关的慕课课程。由此可见，慕课作为新媒体英语辅助教学平台，在云南等欠发达地区高校教学改革建设中仍有很大的发展空间。

2.2 微课

微课是指运用信息技术按照学生认知规律，呈现碎片化学习内容、过程及扩展素材的结构化数字资源。照字面意思来说，微课即“微型课程”。根据国外相关研究文献，微课主要包括两方面含义：除“微课件”（Micro-lecture）的含义外，还有“微课程”（Micro-course）的含义。一个单独的微课可称为“微课件”，而一系列“微课件”组合在一起，便可构成“微课程”（赵国栋，2014：22-23）。“微课”以课堂教学视频为核心组成内容，同时包含基于教学视频的、与该教学主题相关的教学课件、学习素材、练习测试、学生反馈以及教师点评等辅助性的教学资源，这些碎片化的教学内容以一定的组织关系呈现出一个结构化、主题式的单元应用“小环境”。微课既有别于传统单一资源类型的教学课例、教学课件、教学设计、教学反思等教学资源，又有在其基础上继承和发展起来的一种新型教学资源。由于每一堂微课（微课件）仅用于讲解某一个或某几个知识点，资源容量较小却短小精干，因此微课具有以下几项特点：教学内容少、教学时间短、教学主题突出、内容针对性强、学生反馈及时。

一个微课件时间通常以3～6分钟为宜，视频画面变化丰富，具有吸引力，一般用于讲解1～2个知识点或语法点。如果一个单元有许多个知识点或语法点需要讲解，老师可以设计几个微课视频辅助教学进行讲解，从而形成一堂完整的微课程。时间短、知识点集中的特点要求微课内容浓缩知识精华，教师需要思考设计视频脚本，同时在视频中提出和解答多个引人入胜的问题让学生能在短时间内理解所要学习的知识点。需指明的是，微课不仅是利用丰富的视频动画来吸引学生，也不是直接播放给学生独立学习，而是教师扮演着将视频与教学内容、观看微课与课堂教学紧密结合起来的重要角色。教师可基于微课内容更好地引导学生学习、增强学习兴趣、提升学习效率。英语语法内容繁多，不计其数的知识点和语法点如果用微课件来进行分类讲解，不失为一种利用碎片时间、短期记忆加强某一知识点或语法点学习的有效教学手段。

由中国高等教育学会和高等教育出版社有限公司主办的中国外语微课大赛是目前国内规模最大、级别最高的外语微课比赛，在比赛中产生了许多优秀的外语微课作品。基于外研社优势创立的"Unipus 外研在线"网站是国内较大的英语辅助教学平台，在其自主学习资源库中包含了慕课、微课、云课堂等多个新媒体辅助教学方式，为教师备课、学生自主学习提供了大量便利的网上资源。许多高校也建立了自己的微课团队，制作了大量微课课程。以上与英语教学相关的微课内容主要围绕各类大学英语精读教材设计，如外研社出版的《新视野大学英语》、外教社出版的《大学英语（全新版）》等均有相应的微课视频。

相比慕课而言，英语微课在许多高校还不够普及，参与问卷调查的学生中只有 12.26% 接触过微课教学。新媒体信息技术的快速发展加上国家的鼓励和扶持使得各高校的英语微课建设呈现出百家争鸣的态势，同时也不可避免地出现一窝蜂式的重复建设。因此，如何统筹规划各级各类新媒体英语教学平台，使信息技术资源得到合理利用，并对已有的优质微课资源进行充分推广是新媒体时代英语教学改革的任务之一。

2.3 微信公众号或小程序

微信现已成为国内用户最多的应用程序之一，许多公众号和小程序也利用微信平台提供大量的英文阅读学习资料，如"朗播英语""留声英语""煎蛋英语""MET 全民英语"等小程序。"每日学英语""英语流利说""华尔街英语"等公众号在英语阅读、口语、听力、背单词等方面为英语学习者提供了不同的学习方式和丰富的学习内容。此次问卷调查中有 29.25% 的同学经常使用微信上的各类公众号和小程序学习英语。大部分的同学喜欢使用微信阅读，认为其优点之一是可以利用碎片时间每天进行英文阅读，如英语新闻、名著、小短文等。36.68% 的同学认为部分微信阅读公众号或小程序要求每日打卡发朋友圈的功能让他们更有学习的积极性和坚持下去的动力，有 50.94% 的同学认为使用微信公众号或小程序利用课余时间学习对提升他们的阅读能力、增加单词量有很大帮助。

微信各类英语阅读公众号和小程序种类多、分布散、内容庞杂、形式各异，学生大多通过搜索接触到此类新媒体学习平台，多是出于自己的学习需求和兴趣，具有一定随机性，且缺乏专业性的指导和系统性的讲解。鉴于微信使用的广泛性，几乎人人都有微信帐号并习惯用微信进行日常沟通和社交，许多学生与教师还互为微信好友。因此教师可以帮助学生进行分辨和选择，从中挑选出一些内容优质、难度和形式与实际教学内容契合、能够辅助教师课堂教学的公众号和小程序，让微信平台成为教师线下教学的辅助工具之一，实现线上线下混合式教学的新媒体英语教学模式。

2.4 英语学习 APP

APP 为英文单词 application 的缩写，意为手机或计算机的应用软件或应用程序。笔者进入应用商店搜索，以手机、平板电脑等设备为媒介的英语学习 APP 主要分为以下几大类：

(1)训练英语综合能力的 APP,如"懒人英语""轻松学英语""Tchin 英语口语"等;(2)着重训练英语听、说、读、写某一方面能力的 APP,如侧重英语口语练习的"英语流利说""番茄英语",侧重英语阅读能力的"缤纷英语——薄荷阅读""疯狂英语阅读法""CCtalk"等,侧重英语听力练习的"郎易思听""爱学英语""可可英语"等;(3)基于 APP 平台多样性而产生的利用各种媒体形式的学英语 APP,如"英语趣配音""英语魔方秀""一点视频""6 分钟英语—BBC 学英语"等;(4)以各类英语能力考试为学习目的的 APP,如"学为贵雅思""托福 21 天""豆腐托福""考虫""四六级万题库"等;(5)以训练英语交际能力为主的 APP,如"新概念外贸英语""商务英语全能课程""走遍美国"等;(6)以外教辅导教学互动为特点的 APP,如"多说英语""3 万英尺 Oral English""跟谁学"等;(7)各种背单词 APP,如"百斩词""墨墨背单词""扇贝单词""极光单词"等。

此类 APP 中利用签到打卡、抽奖、用户点赞,甚至是坚持返现金等各种方式激励学生学习的积极性。近八成的问卷参与学生表示利用英语学习 APP 学习英语是所有新媒体学习平台中最为便捷和轻松的一种学习方式。手机 APP 使用方便,可以随时随地进行学习,且学习成本低廉。在所有使用和接触过新媒体英语学习方式的学生中,有 82.5% 的学生经常使用手机或平板电脑 APP 背单词,有 85% 的同学认为在英语自主学习中对他们的词汇量提升最有帮助的就是各类英语学习 APP。

3.新媒体英语教学的优势

本次问卷调查以云南大学本科生为样本,共有 106 名学生参与,涵盖了物理、化学、材料、天文、电子、工程、英语、日语、法语、法学、金融等数十个专业的本科生。根据问卷结果,可总结出利用新媒体作为英语学习辅助平台的优劣。其中,利用新媒体学习软件辅助英语教学具有以下优势:

3.1 利用碎片时间学习,提升学习效率

在问卷调查中,关于是否会自觉利用课余时间在新媒体应用平台学习英语以及课后学习时长是多久的问题,有 58.33% 的同学表示每天会在课后花费 1 小时左右的时间用新媒体学习平台进行学习,10% 的同学会用 2 小时左右自觉进行学习,4.17% 的同学课后利用新媒体学习平台自觉学习的时间达到 3 小时以上。很多同学表示手机的使用十分便捷,在等校车、排队、坐地铁之类的碎片时间里可以随时用手机 APP 背单词或阅读英语小说,这对他们单词量和阅读水平的提升有很大帮助。由此可以看出七成同学有自主学习的意愿和行动,教师可以充分利用各类新媒体教学手段,将其作为课堂教学的有效补充,如利用微课让学生预习和复习语法点、利用 APP 鼓励学生背单词或利用微信阅读打卡增加学生阅读量、提升学生阅读水平等。

3.2 学习设备便捷、成本低廉

当下主流的新媒体应用软件平台大多数以电脑和智能手机作为载体。手机、平板电脑或笔记本电脑已经成为大学生人手一台的必备电子设备,学校随处可用的无线网络、图书馆出示学生卡就可以使用的电脑,都为学生们随时随地使用新媒体信息技术资源提供了便利。57.55%的同学认为利用新媒体应用学习英语经济投入较少,成本低廉。网络平台上的慕课或微课视频资源大部分可免费观看,超过九成应用商店里的英语学习 APP 可免费下载,微信公众号和小程序里更可以随时随地免费阅读海量的英文学习资料。基于政府、学校对慕课、微课等新媒体辅助教学方式的大力推广和扶持,部分需要收取费用的应用功能和线上课程有望在将来实现免费,方便更多学生使用。

3.3 学习资源共享,促进教育平等

党的十九大报告指出,要"推进教育公平""努力让每个孩子都能享有公平而有质量的教育"。在 2018 年 9 月举行的全国教育大会上,习近平总书记明确提出,要坚持我国教育现代化的社会主义方向,坚持教育公益性原则,把教育公平作为国家基本教育政策,以教育公平促进社会公平正义。在新的时代背景下,教育平等的重要性不言而喻。"社会如何实现教育平等,这是一个与教育制度有关的政治问题,努力追求实现教育平等则是公共教育之公共性的价值要求"(张茂聪,2012:53)。教育平等首先是指教育机会平等,其次是指教育资源的平等。新媒体教学平台的兴起让这两个平等在不同地区、不同民族间的实现成为了可能。云南省作为中国少数民族最多的省份,本省教育也是国家发展西部教育的重点地区。21 世纪以来国家针对西部经济和教育发展实施了多项鼓励支持政策,努力积极地推进少数民族地区各项教育科学、全面地发展是新时期我国教育改革工作的重点之一。

就外语教学来说,云南少数民族地区教育资源相对落后,师资力量也不及沿海发达地区,学生能够接触到的教学形式和教学资源也受到了制约,对学生学习并使用外语进行实际交流有一定的影响。近年来,新媒体教学平台的推广为教育资源分布不均提出了解决方案。在新媒体时代,人人可以通过手机、电脑接收到各种信息资源。调查中有 78.3%的同学认为利用新媒体辅助教学平台足不出户便可完成学习,其中大部分同学认为新媒体英语学习软件的一大优点在于无论身处何处都可以接触到许多国内外名师、名校的优质课程资源。这有利于教育资源匮乏地区的学生接触到大量丰富多彩、时效性强的语言学习内容,也可以通过新媒体的学习方式阅读到海量的英文电子书籍、观摩发达地区高校网络课程、与发达地区高校师生进行交流对话等,拓宽眼界的同时进一步提高了语言交际能力。除此之外,新媒体教学平台也为云南地区的学生提供了许多和外教进行接触交流的机会。新媒体的迅速发展和新媒体教学平台的日益普及促进了教育资源的进一步传播,为合理分配教育资源、提供均等教育机会、缩小各地教育水平差距、提升社会教育公平性提供了技术支持。

3.4 学习轻松随意,没有心理压力

情感因素是语言学习中的一个重要因素,能够影响语言学习过程中的学习动机和习得效果。此次调查显示,48.11%的同学喜欢使用新媒体应用学习英语是因为可以在一个自身感觉放松舒适的环境中进行学习,免除了课堂上与老师面对面交流的紧张感。在笔者一项针对第二语言学习者情感因素的调查中,只有6.64%的学生表示自己的二语学习不会受到情感因素的影响,其余93.36%的同学均认为心理状态是否放松、情绪是否愉悦都会或多或少地影响自己第二语言学习的热情和学习的状态。调查中多达96.48%的同学认为更愉快放松的情绪能够促进二语学习。

美国语言学家斯蒂芬·克拉申[①](Stephen D. Krashen)于20世纪80年代提出了他的二语习得理论,其中包括五个假说即语言习得——学习假说(acquisition and learning hypothesis)、监控假说(monitor hypothesis)、自然顺序假说(natural order hypothesis)、语言输入假说(input hypothesis)和情感过滤假说(filter hypothesis)。其中监控假说认为,有意识的语言知识(如语法规则),只在第二语言运用时(如运用第二语言说话或写作时)起监控作用,但这种监控是否能够发挥作用取决于三个条件:①语言使用者具有所学语言的语法概念和语法规则知识;②语言使用者在运用语言时有足够时间去有效地选择和运用语法规则;③语言使用者的注意力要放在所运用语言的形式上,随时监控自己语言使用的正确性(梅德明,2017:231)。由此可见,如果语言使用者在运用语言进行口头或书面交流时过多地考虑自己的语言表达是否符合语法规则,过多地用语法规则监控语言运用过程、不断地试图避免或纠正自己的语法错误,说起话来就会结结巴巴、显得迟疑、妨碍流畅的语言表达。相对于口头表达,书面表达的情况就会好得多,因为学习者有足够的时间推敲字句、斟酌语法。而克拉申的情感过滤假说认为在语言习得过程中情感因素对语言输入起着过滤的作用。学习过程中的情感因素会阻碍或加速语言的习得。学习者只有在最佳情感状态下,才会产生真正高效的习得。最佳情感条件如强烈的学习动机、学习者的自信心、放松不焦虑的心情等能够极大地提升学习效率和效果。有研究表明,焦虑、自卑、抵触等情绪都会影响二语习得的质量。如图2所示:

强　　　　　　　　　　　　　　　　监察(监控)
↓　　　　　　　　　　　　　　　　　　↓
语言输入→情感过滤→语言习得机制→语言能力的习得→语言输出
↑
弱

图2　语言监控理论(梅德明, 2017:231)

① 斯蒂芬·克拉申(Stephen D. Krashen),著名美国语言教育家,1941年出生于美国芝加哥,现为美国南加州大学荣休教授,他毕生致力于第二语言习得的研究。

以上几类新媒体英语学习方式让学习者能够自行选择所接触的教学材料，从网络平台上的教学资源中挑选适合自己水平的、符合自己学习需求的、让自己感兴趣的内容进行学习。大部分同学认为课下线上的学习方式，免除了课堂上被老师提问、要求用英语立刻回答问题带来的紧张感。而根据克拉申的二语习得假说，如果学生能在一个情感上放松的、有足够时间斟酌语法使用规则的环境中学习和使用语言，二语习得，尤其是二语语法习得的效果和质量才能够得到提升，学生的学习自信也能够得到增强。由此可见，教师可以利用新媒体教学平台辅助教学，以保持学生二语习得的热情和积极性，从而提升教学效果。

3.5 打卡签到，保持学习积极性

提高学生学习积极性和保持学习热情也能够激发学习兴趣、促进语言习得、保证语言信息的吸收率。上文提到，新媒体英语教学平台利用多种方式来激励学生的学习热情，如网上慕课课程签到获取积分、微课根据视频观看时长提升会员等级、微信公众号鼓励学习者每天转发阅读短文到微信朋友圈、获得朋友点赞的同时也为相关阅读公众号增加更多学习用户，以及英语学习 APP 的打卡返现金、与其他同学一起学习比赛、互相激励等功能。如图 3，调查中38.68%的同学认为新媒体各类英语学习平台的签到打卡等方式让他们有更大的积极性坚持每天学习。

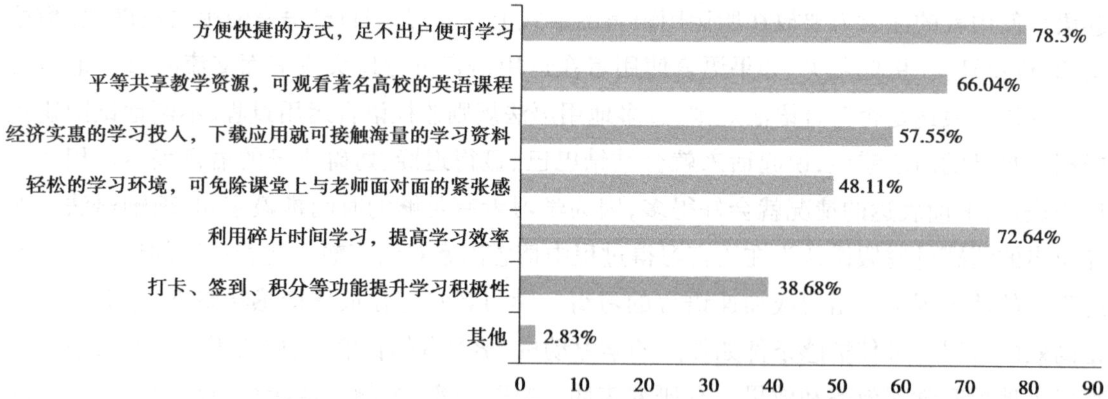

图 3　利用新媒体应用学习英语有何优点

4. 新媒体英语教学的缺点及改进措施

新媒体带动了各类辅助教学平台的发展，然而任何事情都具有两面性，新媒体英语教学平台也一样。除以上说到的优势之外，利用新媒体辅助教学平台学习英语存在以下弊端：

4.1 缺少师生互动

51.89%的同学认为用新媒体应用学习英语虽减轻了课堂上与老师面对面沟通的紧张

感,但也缺少了与老师的互动。学生对学习内容有疑问时不能够及时向老师反馈或不能及时得到老师的解答和帮助。据调查,在新媒体学习平台学习英语时,高达84.17%的同学在遇到问题的时候选择自行上网搜索答案,20%的同学选择自己思考或网上发起讨论,而网上很多答案缺乏专业性,无法给学生正确的指导。21.67%的同学选择放任不管,这样做的结果是对知识一知半解,知识基础掌握不扎实,为将来更进一步的学习埋下了隐患。只有28.33%的同学会将问题记录下来找机会向老师提问,但这也会导致学习过程不连贯、师生互动不及时。

针对这一缺点,教师可以加以引导,将新媒体的学习方式作为课上教学的一种补充,同时针对线上学习主动为学生提供合适的探讨机会和答疑时间。

4.2 缺乏课堂讨论气氛

团队协作能力也是新时期教育改革所提倡的一项重要能力,许多老师在课堂上也非常重视培养学生们互相协作解决问题的能力。英语是一门语言,语言是思维的载体,其目的是进行交流沟通。锻炼交际能力在语言习得的过程中是不可或缺的,因此教师需要在英语课堂中布置小组讨论、情景对话、角色扮演等需要学生团队合作才能完成的学习任务。如果利用新媒体的学习仅限于拿着手机、对着电脑自己在线上进行学习,那对于语言交际能力的培养是无益处的。调查中有42.45%的同学认为新媒体英语学习平台的弊端之一就是与同学们互动、合作及交流较少,缺乏深入讨论、互相帮助的课堂气氛。

对此,教师可以鼓励学生利用新媒体学习软件作为课下的复习或进一步提升英语能力的辅助教学手段,将课下在新媒体平台上学习中发现的问题和收获作为课堂小组讨论的内容,让同学们在课上进行小组讨论、互相帮助、提高语言沟通能力,课下自主学习、利用新媒体学习软件提升阅读、听力、词汇等方面的能力。

4.3 注意力容易分散

前文提到新媒体涵盖了各类利用数字技术和网络技术进行信息传播的传播形态,而当今生活中最常见的传播形态就是各类社交平台或社交APP,此类平台上提供的信息资源包罗万象、非常丰富,而且这样的资源每时每刻都在更新,全球各个角落发生的任何新鲜事都会通过各类平台上传到社交网络,很多信息的更新速度甚至是以分钟、秒来计算。此外手机应用商店更是琳琅满目,各类APP涵盖了社交、游戏、拍照、视频、电影、旅行、购物等方方面面,用手机和电脑学习的时候难免忍不住查看其他应用软件的信息和资讯。74.17%的同学表示在使用新媒体应用进行学习的时候注意力容易分散,长时间使用手机电脑屏幕也容易导致视力疲劳,学习期间更容易开小差。

这一点对于许多新媒体学习平台来说很容易解决,如微课每个教学视频时间最多不超过10分钟,大多数慕课虽和课堂教学时间一样为45分钟,但可以暂停和反复观看,可稍做休息之后继续观看,或者可将视频下载保存,在精力充沛、时间充裕的情况下再观看学习,对于没有看懂或听清楚的部分还可以退回去重新观看。微信公众号、小程序和英语学习 APP 提供的学习资源也是以一篇文章、一个单元为单位,学习时长可由学生自行控制,对于存在疑问的学习内容还可以反复多次阅读,这也正体现了新媒体学习可利用碎片化时间随时进行自主学习的优点。至于学习时的自制力笔者认为对于大学生来说,基于一定的学习动机、在一定时长内集中精力学习应当是人人必备的能力和素质。

4.4 不能及时对学习效果进行考查和评价

调查结果显示,许多利用新媒体学习英语的同学都是基于自身的学习需求自主学习,缺乏教师的引导和指导,因此部分同学认为利用新媒体学习英语的弊端之一是无法及时对自己的学习效果进行测试和评估。

针对这一点,许多新媒体辅助教学平台也提供了相应的解决方式,在小单元的学习之后会为学生提供相关的测试,学生可根据参考答案和得分自行评估学习效果。笔者也建议教师们利用新媒体英语辅助教学平台,补充相关知识点的微课、英语阅读应用、背单词 APP 等,让学生课下自学单词、语法点等。教师也可以将部分与教学大纲关联紧密的线上学习内容纳入学校课堂教学的考查范围中,以帮助同学们检测利用新媒体英语学习应用进行课后自主学习的成果,从而更好地利用新媒体平台进行学习。

图 4 总结了利用新媒体应用学习英语的缺点:

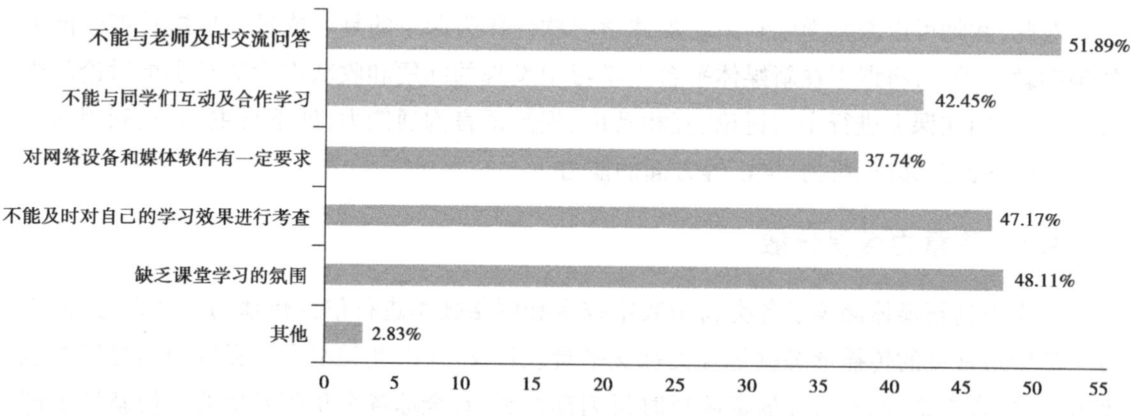

图 4 利用新媒体应用学习英语有何缺点

根据新媒体教学平台的特点,评估其教学效果也需要相应的在线评价工具。随着教育评价理论和网络技术的发展,电子学档、概念图、范例展示、在线测试和大数据技术等评价工具逐渐发展并被广泛应用于在线教育领域,这些工具各有其特点和使用范围,在线教育评价要根据评价的标准和要求,根据具体的评价应用情境作出合适的选择(张立国,2018:144)。以上提到的几种评价方式中,概念图可通过逻辑图或流程图清晰地将大量语言信息及知识点呈现出来,将句法、文章结构等复杂知识简化,用图表的方式显得更加一目了然,从而提高在线学习效率。而范例展示可在师生间难以保证及时有效的交流互动时，在学习开始前、学习过程中及学习任务完成后让学生参照对比，节省大量不必要的解释、减少学生等待时间，并能主动对自己的学习成果进行评判，从而进一步改进和完善语言学习方法和过程。在线测试不仅能够测试学生的知识能力水平，还能帮助教师在短时间内进行有效评价，同时为教育研究者开展多种调查提供数据。以上多种方式都可以帮助教师解决新媒体英语学习中的有效评价问题，英语教师们应充分认识各种评价方式在新媒体教学模式中的应用价值和潜力，顺应信息时代发展，拓展知识结构，以适应新媒体时期教育教学发展的需要。

5. 结　语

综上所述，新媒体时代带来了信息技术的不断更新，学习如何利用新媒体辅助教学平台更加有效地开展教学活动，使其更符合新时代教育改革的要求已成为广大教师面临的重要任务之一。根据本文问卷调查结果，利用新媒体应用学习英语有利有弊，但如果语言教学工作者们能合理利用各类教学平台和软件，正确筛选内容资源并对学生合理引导，新媒体辅助教学平台对英语教学是利大于弊的。云南大学在慕课和微课课程开发方面还落后于很多高校，但近年来学校邀请了许多名校慕课团队对教师进行相关培训以及鼓励教师们积极参加微课比赛等表明了我校努力跟上新媒体时代步伐、促进新媒体辅助教学平台建设的努力和决心。在此次问卷调查中有68.78%的同学表示非常希望学校能够进一步推广利用新媒体技术平台进行英语教学的方式，许多同学表示传统教学模式有诸如老师无法兼顾每位同学、学习时间不自由、课堂学习时间不够、老师照本宣科、教学内容和方式单一等弊端，77.36%的同学希望能将传统教学方式和新媒体教学方式相结合。由此可见，如果将新媒体辅助教学平台引入传统教学模式中，二者取长补短，能够进一步激发学生学习英语的热情和兴趣，对教师提高教学效率、丰富教学内容、顺应教学改革起到积极的推动作用。

参考文献

MERRIAM, SHARAN B, 2001. The New Update on Adult Learning Theory[M]. Jossey-Bass: San Francisco.

KRASHEN, STEPHEN D, 1982. Principles and Practice in Second Language Acquisition[M]. Oxford: Pergamon.

KRASHEN, STEPHEN D, 1985. The Input Hypothesis: Issues and Implications[M]. New York: Longman.

KRASHEN, STEPHEN D, 2003. Explorations in Language Acquisition and Use[M]. Portsmouth: Heinemann.

房爽, 2012. 基于Krashen语言输入假说的多媒体课件教学策略研究[J]. 宁波工程学院学报(2):126-128.

焦建利, 王萍, 2015. 慕课:互联网+教育时代的学习革命[M]. 北京:机械工业出版社.

梅德明, 2017. 语言学与应用语言学百科全书[M]. 北京:北京大学出版社.

王晓燕, 瞿宁霞, 2018. 新媒体在英语教学中的有效应用研究[M]. 长春: 东北师范大学出版社.

杨宏, 2005. 跨文化交际与外语教学[M]. 杨凌: 西北农林科技大学出版社.

张立国，王国华，2018. 在线教育的理论与实践[M]. 北京:科学出版社.
张茂聪，2012. 论教育公共性及其保障[M]. 北京:商务印书馆.
赵国栋，2014. 微课与慕课设计高级教程[M]. 北京:北京大学出版社.
赵凯，2007. 解码新媒体[M]. 上海:文汇出版社.

“法语专业导论”课程建设初探

欧　瑜[1]

摘　要:开设“法语专业导论”课程是顺应新时代发展及双一流大学的建设需求,本着知识、能力、素质三位一体的培养模式,致力于培养具有健康人格、牢固专业基础、创新型思维和公民责任感的法语人才。结合教学改革的现状需求,笔者从课程的性质和定位、教师的角色定位、课程的目标与内容设计、课程实践的考核等方面进行阐述,旨在为该课程在法语本科教学中提供有益的参考。

关键词:法语专业导论;课程建设;外语教学

1. 引　言

专业导论课作为高等院校的一门新课,已经成为中国高等教育教学改革的突破口。越来越多的高等院校意识到对新生进行专业导学教育的重要性,已从大会宣讲式入学教育转变为开设专业导论课程。宣讲的方式难以让学生全面详细地了解本专业的情况,比如人才培养目标、人才培养规格、专业课程设置、毕业标准、学位授予、就业前景等。笔者所在的云南大学外国语学院从2017年秋季开始为法语专业新生增设“法语专业导论”课程。据了解,在开设专业导论课之前,学生只是通过教师或高年级同学浅显地了解到一些所学专业的相关信息,缺乏系统和深刻的认识,从而导致了学生在专业学习上的困难和迷茫。随着开设专业导论课程的高校数量逐年增加,针对这门新兴课程的研究也在增加。根据笔者在中国知网上的搜索,以“专业导论”为篇名的成果主要集中在最近五年,其中2018年35篇,2017年40篇,2016年30篇。纵观这些成果,不难发现该课程还存在授课内容较为单一、教学设计不够系统、实际操作缺乏新意等问题,而针对法语专业导论课程的研究则为零。基于此种状况,本文尝试将法语专业导论课的大背景与本院系的现实状况相结合,对该课程的建设进行

---

① 欧瑜,云南大学外国语学院法语系讲师,研究方向:翻译实践、翻译教学、法语教学。

积极有效的探讨,期望对法语专业的建设和人才培养起到积极的助益和推动作用。

2. 课程的性质和定位

“专业学习导论课,不同于具体某一门课程的学科导论,是作为大学生接受专业教育、进入系统专业学习的前导和铺垫,是引导学生了解所学专业和相关专业的入门课程,有利于帮助学生尽早了解所学专业性质、培养专业兴趣、掌握专业学习方法和规划自身发展路径,具有学习引领和导航作用。”(胡继飞,2017:34)。法语专业导论课程可谓是法语专业的“早教课程”,应该为本科新生提供全面的专业领域知识介绍,也就是说让学生了解并熟悉这门专业“是什么”“学什么”“怎样学”“可以干什么”等。本门课程在我院新生入学的第一学期开设,为学科必修课程,主要目的是让学生全方位了解法语专业的基本情况,以便指导并帮助学生在初入专业时制订出适合自己的学习规划。综上所述,专业导论课在大学专业学习中是必不可少且至关重要的。

3. 教师的角色定位

专业导论课是专业学习的启蒙课程,授课教师作为该门课程的引导者,应打破传统的应试教育思维模式,借助各类现代化的教学工具和手法,以学生本位为主导,在课程内容、授课方式等方面积极创新,不断提高专业导论课的教学价值。

(1)教师需要具备扎实的专业功底和正确的理论指导,掌握专业导论课的基本教学方法和原则,与时俱进,了解本专业的最新发展动向。

(2)教师需要理解学科知识和教学法知识的关系,并掌握一些基本技能,能够灵活运用不同的教学手段和方法,能够针对专业特点和每届学生的特点设计灵活适用的教学活动。

(3)教师需要具有较强的课堂驾驭能力,能够以生动活泼、参与度高的方式引起学生对本专业的好奇心和关注度。

(4)教师需要能够系统地反思教学实践,吸取经验教训。

(5)教师需要形成积极面对改变的态度,积极促进学生的学习,坚信所有的学生都具备专业学习的能力。

4. 课程的目标与内容设计

基于上述课程的性质和定位,笔者制订出如下课程目标及课程内容。

4.1 课程目标

(1)总体目标:通过本课程的学习,法语专业的学生将对法语专业是什么、学什么、怎么学、学了干什么等方面具有较为全面的了解。

(2)细化目标:通过本课程的学习,法语专业的学生将了解本院的历史概况和发展现状,了解本系的培养目标、课程设置、师资力量和人才培养方案等内容。

本课程的教学目的通过专题内容的讲授、课前问卷、课堂讨论、课后报告等方式达成,使学生了解法语语言与文化专业的历史和现状,了解本校法语语言与文化专业的人才培养框架、课程设置、考核标准、相关专业考试等情况。通过本课程的学习,学生应达到如下要求:了解法语语言文化专业的总体情况,掌握本专业的相关情况,了解外语学习的学习方法,对四年的本科学习做出合理可行的规划。

4.2 课程内容

“法语专业导论”课程的内容会因所在学校、院系、专业,以及授课教师的个人特色而出现差别。根据笔者所在学校的办学宗旨和发展方向,本门课程的内容注重理论与实践的结合,推动学生用自己的头脑来构建知识,也就是通过教学使专业知识变得与学生自身相关,对学生产生意义;通过教学活动的设计引导学生发现或应用专业概念。本校的“法语专业导论”课程共实施18个教学周,每周两个课时,单周或双周上课,共18个课时,学分数为1。每2~4个学时一个主题。通过授课、问卷、讨论、报告等方式,使学生掌握法语语言与文化的基本知识,了解相关领域的基本理论体系,并初步了解学习和研究方法及途径。

想要有效地开展本门课程,就需要了解学生的背景,为此,笔者设计了一份“法语专业导论”课程问卷(表1)。

表1 “法语专业导论”课程问卷

课程:法语专业导论	授课对象:	任课教师:
姓名:	(贴二寸照片)	
性别:		
年龄:		
毕业学校(高中,省、市、自治区):		
在进入大学学习法语前,你是否为零基础?	是 否 学龄	

续表

你为什么选择法语专业?	(任何原因)
你是否有打算以法语为职业的意向?	是(请具体填写):教师/翻译/播音员或主持人/其他 否(请具体填写):
个人求职意向:	a)作为学语言的学生,你是否梦想过成为一名口笔译译员? b)就你个人而言,你认为法语专业的毕业生从事的职业都有哪些?(请把你认为的职业全部写出来)
你认为语言应该是一门职业还是只是一个工具?	职业 工具 其他(请写明理由)
你是否希望学习第二外语,或者是第三外语(甚至更多语言)?	是(原因): 否(原因):
你的第二外语是:	英语 无第二外语 其他(请写明)
如果你有第二外语,你是否认为你的第二外语的学习会影响第一外语的学习?	是(请具体填写影响的方面,如:发音混淆、词汇混淆及其他): 否(请写明理由):
你认为自己有什么优点?或者有什么适合学习法语的优点?(请认真思考,一定有!)	

此问卷可帮助教师提前掌握学生的信息,了解学生的教育背景等,有助于在之后的教学过程中提高学生的学习动机和成就动机。表头的"姓名"一栏要求学生粘贴照片,此举可帮助教师在上课前对学生形成具体而生动的印象,从而为建立良好的师生关系打下基础。在填写问卷之前,教师会要求学生填写自己的真实想法,目的是掌握学生真实的认知和学习状态,有利于因材施教。笔者认为最后问题尤为重要,括号中为新增内容,因为根据笔者的观察,在针对2017级新生的问卷中,很多学生在回答这道问题时只谈自己的不足,而往往忽略自己的优点,或者说,没有想到去发掘自己的优点。实际上,努力学习的意愿是许多因素共同促成的结果,其中就包括学生的个性和能力。引导学生关注并发挥自己的优点,有助于发现、激发并保持学生的学习动机,让学生愿意去学习那些有助于他们在学校和生活中取得成功的知识和技能。

表2为笔者设计的课程内容。

表2 "法语专业导论"课程内容

教学主题	教学内容	学时
课程导学	1. 以"何为大学"作为引子，引导学生认识到大学是追求"大学问"(great learning)的地方； 2. 提出"为什么要学习外语"的问题。播放季羡林谈外语学习的视频(或其他音像资料)，引导学生树立正确的外语学习观； 3. 从《佛经》的翻译入手，阐述外语和翻译如何吸收其他文化的长处、优势和特色； 4. 在"一带一路"倡议、"人类命运共同体""要让中华文化、中华学术走出去，向全世界讲好中国故事，展示好中国的形象，传播好中国的声音"的发展背景下探讨外语及其学习的重要性； 5. 介绍"大类招生"的含义和趋势及其对学科专业发展带来的重大影响； 6. 从教育部部长陈宝生"对大学生要合理'增负'"的讲话说起，让学生明确大学并非"养老院"，高校要严把出口关，改变学生轻轻松松就能毕业的情况； 7. 介绍云南大学、外国语学院和法语系的历史和现状； 8. 介绍本系教师的基本情况，搭配照片(征得教师本人同意)，令学生对本系教师形成直观生动的第一印象； 9. 介绍本系的专业建设和人才培养情况。	2
法语语言的魅力	1. 以歌曲 *Au Bout De Mes Rêves*(《在梦想的尽头》)为引子，介绍几位与法语结下不解之缘的名人(周恩来等)； 2. 法语概况； 3. 播放视频《TED——为什么要学外语》(或其他音像资料)。	2
为什么要学习文学?	1. 什么是文学? 2. 为什么要学习文学? 3. 为什么要在外语学习中融入文学? 4. 法国文学概况。	2
为什么要学习语言学?	1. 什么是语言学? 2. 语言学的分类。 3. 语言学的应用。	2
翻译与人生	1. 以误译的例子为引子，提出优质翻译的重要性。 2. 翻译是什么? 3. 翻译有什么作用? 4. 翻译工作与人生存在。 5. 给未来的译者。	2

续表

教学主题	教学内容	学时
学习法语需要应对的考试	1. 什么是考试? 2. 目前法语考试的类型。 3. 各类考试的形式、内容、评估标准及目的。	2
学习习惯与学习方法	1. 何为学习? 2. 为什么要学习? 3. 模仿学习与观察学习。 4. 课堂学习与自主学习。 5. 养成适合自己的学习习惯。	2
个人发展规划的制订	课堂讨论。	2
随堂考察(期末报告)	根据自己的实际情况,制订一份不少于 2 500 字的本科学习规划。	2

5. 课程实施的效果考核

5.1 学生成绩考核

根据我校和院系的课程考核标准,将“法语专业导论”课程的考核标准归纳为表 3 内容。

表 3 “法语专业导论”课程考核标准

序号	考核项目	考核标准	所占权重
1	平时成绩	由考勤、课堂表现和课后作业完成情况决定。百分制:迟到早退扣 2 分,无故旷课扣 5 分,无故旷课 3 次取消期末考试资格;课堂表现积极、完成作业情况良好加 2 ~ 5 分。	20%
2	期中成绩	采取较为灵活的形式,如主题讨论、小作文等,根据学生的表现情况打分;百分制。	20%
3	期末成绩	撰写期末报告。百分制:主题 30%,论据 30%,结构 20%,语言表达 30%。	60%

5.2 教学效果反馈途径

教学效果反馈途径主要通过期末报告和学生评价来评定。期末报告要求学生撰写不少于2 500字的学习心得,其中包括对本门课程的感想及建议。教师可通过报告对教学过程进行反思,进而不断改进教学效果。学生也可将学校的教评系统作为对本门课程反馈的途径。

6. 结　语

作为一名法语专业的学生,应当对自己所学专业的相关概念、背景、发展和前景等有一定的了解,只有这样,才能对未来四年的专业学习形成清晰准确的构想,才能最大化地调动自己的学习积极性,从而获得理想的学习效果。本文希望通过对"法语专业导论"课程建设的初步探讨,为本校法语专业的建设提供可以参考的实践经验。

参考文献

胡继飞, 2017. 专业导论的课程设计与实践研究[J]. 高教论坛(6):33-36.

黄朴, 2009. 教师在专业导论课教学中的角色定位[J]. 中国石油大学学报:社会科学版(7):85-86.

谢炜, 龙春光, 华熳煜, 2016. 高等学校专业导论课程教学实践与思考[J]. 教育学论坛(13):135-137.

周静, 2017. 英语专业导论课的课程设计实践研究[J]. 文教资料(765): 206-207.

越南语本科阶段语言学习与国情知识学习的并行推进研究

王继琴①

摘　要:如何在做好语言教学、让学生有扎实的语言基本功的同时深入地了解对象国的国情,一直是语言类专业人才培养关注的问题。在此问题上,依据云南大学越南语本科人才培养方案,为培养高水平复合型的越南语人才,从本科一年级开始,就将越南语语言学习与越南国情知识学习有机结合、并行推进。目的是在大学本科阶段有限的课时内,最大限度地提高学生的越南语语言水平,让学生掌握语言基础知识的同时,丰富越南国情知识,从而提高综合语言运用能力。

关键词:越南语;语言学习;国情知识学习

1.引　言

云南大学越南语本科人才培养采用"2 +1 +1"模式,即学生大一、大二学年在云南大学学习,大三学年前往越南高校留学一年,大四学年返回云南大学完成剩余课程及毕业论文。除去在越南学习的1年,有3年在国内学习。这3年当中,最后一个学期不安排课程,留给学生完成毕业论文和求职。学生安排课程学习越南语专业课程的时间只有两年半。在这两年半的时间里,学生既要学好越南语,达到熟练运用语言的水平,又要学好越南历史、政治、经济、文化和文学等方面的课程,的确存在学习时间有限和课程学习任务繁重的问题。

为解决这一突出矛盾,让学生在具备良好语言基础的同时深入了解越南国情有关知识,笔者建议从本科一年级开始,在越南语所有课程学习中,将越南语语言学习与越南国情知识学习有机结合、并行推进。目的是使学生在大学本科阶段有限的课时内,最大限度地提高越南语语言水平,同时丰富越南国情知识,提高综合素质。

以下,笔者就越南语本科阶段语言学习与国情知识学习并行推进的依据、课程教学举措

---

① 王继琴,云南大学外国语学院讲师。研究方向:语言学、越南语教学。

等方面进行较为系统的分析。

2. 越南语本科阶段语言学习与国情知识学习并行推进的依据

在当今全球化、信息化的时代，社会对外语人才的知识结构和综合素质提出了更高的要求。过去单一外语型的人才显然已经不能适应当今信息化社会和国际交往的要求。只有具有坚实的外语功底，同时又通晓对象国的历史、政治、经济、社会和文化等诸方面知识的复合型人才才是社会所急需的。

根据学校的办学定位和社会对越南语人才的要求，云南大学确定了越南语本科人才培养的目标：越南语专业培养具备扎实的越南语听、说、读、写、译基本技能，掌握越南以及东南亚地区各国的文学、历史、政治、经济、文化、宗教、社会等相关知识，能用越南语从事外交、外贸、文化交流、新闻出版、教育、科研、管理等工作，德才兼备、具有国际视野的复合型人才。

通过越南语教学实践，笔者发现在越南语本科语言学习阶段，学生在不断提高自己的越南语语言运用能力的同时会遇到越南语语言本身以外的多方面因素的制约。其中，越南历史、政治、经济、文化等领域知识的缺乏是制约越南语水平提高的一个不可忽视的因素。显然，越南语语言学习与越南国情知识学习存在一种相辅相成的辩证关系。也就是说，丰富的越南国情知识有利于越南语语言综合水平的不断提高。

外语学习的目的是掌握外语并通过外语进行交际和研究。要达到这一目标，学习者必须具备两种能力：外语的语言能力、外语相关的国情知识能力。这两种能力对一个合格外语人才来说缺一不可。在教学过程中，这两种能力的培养必须统筹兼顾。语言国情学认为，任何语言的词语中都携带有一定的民族文化成分。（吴国华，彭文钊，2001：200）"语言能够反映、记录并保存关于人所理解的现实的一切信息。语言还可以充当集体经验的储存库，成为联结各个世代的必要环节。"（张冬梅，2003：94）语言的文化载蓄功能使语言中保留了一个民族的历史、文化、传统和风俗，并使社会的物质和精神文化宝贵财富世代相传。

综上所述，越南语语言学习与越南国情知识学习并行推进是当今社会现实人才需求现状的要求，同时又是根据教学实践的经验教训和新的外语教学理论而提出的创新之举。可以说，越南语本科生语言学习与国情知识学习并行推进的提出既有现实依据又有理论依据。

3. 越南语本科生语言学习与国情知识学习并行推进的教学举措

在认识到越南语语言学习与越南国情知识学习一体推进的必要性和重要性之后，笔者开始将这一构想付诸教学实践。

越南语本科生语言学习与国情知识学习并行推进的教学举措的实施分为三个路径，一是在课程设置上设置一些有助于学生了解越南国情的课程；二是课内进行语言教学的过程中将国情知识引入;三是引导学生课外进行国情知识的主动性学习。

3.1 课程设置中安排了有助于了解国情知识的相关课程

在课程设置上为了增加学生对越南国情的认识和了解,除了听、说、读、写类的语言基础课程,从大一第一学期就开设《越南概况》课程,主要让学生认识越南,从地理位置、宗教文化、物产资源等各方面对越南有初步的认识。在第二学期开设《中越关系史》,主要让学生了解中越两国来往的历史,了解各个时期中越两国历史上的重大事件及影响,让学生能够从不同的角度对历史事件以及当前的中越关系进行分析探讨。第三学期开设《越南文学》和《越南传统文化与民俗》,让学生进一步了解越南的文学发展历程,以及越南的传统风俗习惯,深入了解越南的社会文化。第四学期开设《东南亚史》,让学生在了解越南的同时了解同属东南亚地区的越南周边国家的国情。同时邀请相关专业的专家学者为学生授课,让学生在学好语言基础知识的同时对越南历史、文学、文化、中越关系等内容有更深入地了解。

3.2 课内进行语言教学的过程中引入国情知识

在讲授《基础越南语》课文时,当遇到“trầu cau”(槟榔)这个词,可以将《槟榔传》引入“trầu cau”的讲解中:“上古时有一官郎,状貌高大。国有赐高侯,便以高为姓。生男二,长曰槟,次曰榔。二人相似,不辨兄弟。年十七八,父母俱亡,师事道士刘玄。刘家有一女,名琏,年亦十七八。二人见而悦之,求为夫妻。女未辨其兄弟,乃以一盘粥、一双箸与二人食。弟让其兄,始辨之。其女归告父母,嫁与兄为妻。同居时或忘弟,弟自感愧,谓兄得妻忘弟,乃不告兄,自去回家。行至林野间,遇深泉,无船可渡,恸哭而死。化成一树,生于江口。兄不见弟,寻到其处,亦投身死于树边,成一块石,盘结树根。妻寻夫到此,又投身抱石而死,化为一藤,旋绕树、石上,叶味芳辛。刘氏父母寻至此,不胜哀恸,乃立祠其地,人皆焚香致拜,称兄弟友顺,夫妻节义。七八月间,暑气未除,雄王巡行,常驻跸避暑祠前,见树叶繁密,藤叶弥蔓。王问而知之,嗟叹良久,命人将树果、采藤叶,亲咬之,唾于石上,其色生红,气芬芳。乃烧石灰合一而食,最为佳味。唇颊红色,知为物重。乃取而归,令各将种植,今即槟榔、美蕾叶及石灰是也。后此槟榔所由始也。”并通过引入《槟榔传》给学生讲清楚了“槟榔”的文化寓意:兄弟友顺,夫妻节义,凡南国娶会同大小之礼,以此为先。

在讲授“bánh chư'ng”(粽子)这个词时,会将《蒸饼传》引入“bánh chư'ng”的讲解中:雄王既破殷军之后,国家无事,欲传于子,乃会官郎,公子二十二人,谓曰:“我欲传位,有能如我愿,欲珍甘美味,岁终荐于先王,以尽孝道,方可传位。”于是诸子各求水陆奇珍之物(一作异味),不可胜数。惟十八子郎僚母氏单寒微,先已病故,左右寡少,难以应办。昼夜思想,梦寐不安。夜梦神人告曰:“天地之物所贵于人,无过米。所以养人,人能壮也。食不能厌,他物莫能先。当以糯米作饼,或方或圆,以象天地之形,叶包其外,中藏美味,以寓父母生育之重(一作状)。”郎僚惊觉,喜曰:“神人助我也。”遵而行之。乃以糯米择其精白,选用圆完无缺折者,淅之洁净,以青色叶包裹为方形,置珍甘美味在其中,以象天地包藏万物焉。煮而熟之,故曰蒸饼。又以糯米炊熟,捣而烂之,捏作圆形以象天,故曰薄持饼。至期,王命诸子具陈所献,历而观之,无物不有。惟郎僚独献蒸饼、薄持饼。王惊异,问之,郎僚具以梦对。王亲尝之,适口不厌,胜于诸子所陈之物,叹美良久。乃以郎僚为第一,岁时节候,常以是饼奉事父母,天下效之至今。以名郎僚,故呼谓节料。初,王传位于郎僚,兄弟二十一人,分守藩篱,立为部党,以为藩国。迨后众将争长,各立木栅以遮护之,故曰栅、曰村、曰庄、曰坊,自此始。"并给学生讲解"粽子"的文化寓意:象征天地,感谢父母养育之恩。

在词汇讲解时引入国情文化知识,加深了对所讲语言点的理解和记忆,提高了学习语言的效率,丰富了课堂教学内容,使本来枯燥乏味的语言教学变得丰富多彩、有声有色、趣味横生,极大激发了学生学习语言知识的兴趣和积极性。同时,学生又学到了不少丰富的越南国情文化知识。

越南国情学不仅是包括政治、经济等多领域知识有机结合的完整体系,它还是一个不断变化的动态体系。因为越南社会在不断发展,其国情动态也在发生着变化。因此,教师必须密切关注越南各领域的发展,在授课的时候,不断补充新知识,分析时事动态。

在这一点上,为了让学生能及时掌握越南社会发展的动态以及了解政治、经济、文化发展等方面的信息,每周老师会在课堂上或者课间休息时有意识地告诉学生本周越南国内发生的事件,并提醒学生去关注相关新闻。同时在课外要求学生每周翻译 1 ~2 条越南语新闻标题,这不仅可以提高学生的越南语文本阅读量,提高翻译能力,同时能让学生更加深入地了解越南的国情,了解越南社会发展的动态和方向,对越南的社会有更深入的认识。

例如:在有中—越双方高层互访活动时会提示学生"是否知道我国的某某领导人去越南访问?或者越南的某某领导人到访我国的消息?"此类型的新闻一般为重大新闻,通常情况下两国媒体都会报道,这时老师就会提醒学生去看越南媒体是如何报道此条新闻的。越南普通民众对此条新闻的评论如何?两国高层互访有些什么活动?去了哪些地方?或者有没有达成贸易上的合作?等等。带着此类问题,学生会主动关注相关内容报道,部分同学会找机会和老师或者同学交流、讨论该问题。甚至在老师有意识地进行几次引导之后,有部分同学就会自己主动去关注越南的新闻,并在课间找机会与老师进行交流或提出他的疑问。从某个角度说此类型的引导在一定程度上提高了学生自主学习的能力。

3.3 课外引导学生进行国情知识的主动性学习

除了在课堂上认真讲解与国情文化相关的词汇、引导同学主动学习了解相关国情知识,在课外老师也会布置一些相关的课外作业补充学生对越南国情的认识。

比如,当学习到《独立宣言》这篇文章时,在预习阶段老师就布置预习作业,要求学生利用课余时间,搜集整理有关 1945 年 9 月 2 日胡志明宣读《独立宣言》前后的历史背景材料,学生完成课外作业后,在课堂上分享自己的作业。

其次,在每个学期老师都会给学生安排不同的阅读计划,大一上学期要求学生寻找并阅读越南的民间故事和历史人物传记。由于大一语言基础还相对薄弱,所以要求用汉语阅读即可,然后在每一次的基础课上课之前留出 5 分钟的时间让学生轮流讲述相关民间故事或者人物传记内容。民间故事是民间文学的一部分,是广大人民群众社会生活的产物,它在一定程度上真实地反映了人们的生活、思想和文化。通过阅读这类民间故事可以让学生更深层次地了解越南文化、民俗、宗教礼仪等内涵。

例如:"碎米姐和米糠妹"的故事,这是一个越南家喻户晓的民间故事,内容讲述的是从小孤苦伶仃的故事主人公"碎米姐",在继母及妹妹的不断陷害之下坚持去追求自己幸福的故事,故事情节极具趣味性。在阅读这个故事时,学生在了解整个故事情节的同时还可以从中看到越南人尊崇"善有善报、恶有恶报"的人生价值观,以及通过故事主人公"碎米姐"的人生经历了解到越南传统女性的形象。在菩萨一次又一次出现帮助碎米姐解决困难的情节中也可以看出道教和佛教对越南人民的影响,人们相信菩萨或者神仙是存在的,并且可以为人类解除困苦。再如,从"独柱寺"的传说中,我们不仅能够了解越南标志性建筑"独柱寺"的来源,同时还可以看到佛教在当时的地位及其对越南产生的影响,从"柳杏公主"的传说中看到越南拜母教的相关内容等。

其次,通过阅读越南历史人物传记,了解相关人物的生平简介可以增加学生对该人物的了解,同时了解某个阶段越南历史的发展状况,以及与其相对应时期的越南社会生活状况。比如在阅读了胡志明的传记或者与他相关的人物故事后,学生可以了解越南争取民族独立、寻求国家统一的历史发展历程,了解胡志明本人在越南民众心中的形象,同时了解中越两国间"同志加兄弟"般的关系的渊源和发展情况。

在大一上学期虽然学生的语言基础还很薄弱,但是通过课前短短的 5 分钟时间,充满趣味性的故事不仅可以调节课堂气氛,同时让学生从中了解越南相关的国情知识,提高学生的语言表达能力、加强心理素质。在后续的每一个学期都会安排类似的阅读计划内容。特别值得一提的是大三学生们到越南学习期间要求学生分小组拍摄体现越南特色文化的小视频,在督促学生积极参与当地文化活动的同时提高同学间的团队合作能力。

每月举办一次的"越语角"活动中老师会带领同学们一起讨论越南相关的问题,组织越南语歌曲比赛,越南小知识比赛等活动,丰富学生的课外生活的同时还能了解越南相关国情知识。

以上这些具体的教学方法及学习方式不管从教师的角度还是从学生的角度都让大家获益良多,教师从这些细节中可以发现学生的闪光点,实现教学相长。从学生的角度可以从中发现学习语言的乐趣以及找到自己的兴趣所在,能很好地安排自己大学四年的学习生活。当然更重要的一点是通过以上方式提高了自己越南语运用能力的同时深入地了解了越南的国情知识。

4. 结　语

综上所述,将越南语语言学习与越南国情知识学习有机结合、并行推进,既有理论依据,又符合当今社会现实的需求。同时在现实教学中产生了极佳的教学效果,加深了对所讲语言点的理解和记忆,提高了学习语言的效率,丰富了课堂教学内容,使本来枯燥乏味的语言教学变得丰富多彩、有声有色、趣味横生,极大激发了学生们学习语言知识的兴趣和积极性。与此同时,学生又学到了大量丰富的越南国情文化知识。教师应在总结教学经验的基础上,不断改进教学方法,完善教学内容,为培养越南语复合型、高素质人才做出贡献。

参考文献

方福卿, 1988. 关于俄语语言国情学的几个问题[J]. 中国俄语教学(1):1-4.
李金英, 2010. 语言国情知识在俄语教学中的应用[J]. 大众文艺(5):222.
吴国华, 彭文钊, 2001. 关于语言国情学[J]. 当代语言学(3):199-209.
杨仕章, 2003. 语言国情学在中国[J]. 外语学刊(1):13-19.
张冬梅, 2003. 谈语言与文化课的教学策略[J]. 北京第二外国语学院学报(2):94-97.
张中华, 1991. 对开展国情语言学研究的几点思考[J]. 解放军外语学院学报(5):24-29.

基础泰语课程教学中存在的问题及对策分析

王云锦[①]

摘　要:基础泰语课程是整个本科泰语教学的主干课程,是贯穿大一、大二学年的连贯性教学活动。该课程的教学效果与其他泰语课程的教学活动密切相关。然而,当前在该课程的教学过程中,传统的教学模式导致基础泰语课程教学活力不足,教学效果不甚理想。因此,本文主要探讨通过完善课堂教学设计、合理编排教学内容、提高学生自主学习能力等手段,优化基础泰语课程教学效果和提高人才培养质量。

关键词:基础泰语;教学模式;问题;策略分析

1. 基础泰语课程在泰语教学中的核心地位

基础泰语课程是泰语专业学生的主干课程,是整个泰语教学活动的重心,在课程类别上属于专业核心课程。按照云南大学的课程设置,基础泰语课程是融合泰语听、说、读、写、译全方位泰语语言技能的提升课程,是在本科泰语教学阶段从大一上学期到大二下学期开设的主干课程,使用教材包括《基础泰语(一)》《基础泰语(二)》《基础泰语(三)》和《基础泰语(四)》。从教材设置来看,《基础泰语(一)》主要包含泰语语音知识,是泰语初学者入门阶段必学的基本内容,包括泰语元音、辅音、声调、尾辅音、复辅音等的发音理论和拼读规则。语音知识的学习是整个泰语教学的基础。《基础泰语(二)》的内容则是在学完基本拼读理论之后进入到初级的对话和短文学习,内容从易到难、由浅入深,从日常打招呼、看病等过渡到文化礼仪等小短文。《基础泰语(三)》和《基础泰语(四)》是基础泰语教学的深化阶段,是在完成泰语语音和基础会话课程之后,在学生具备了一定的泰语听、说、读、写、译能力的基础上,为进一步扩充词汇量和丰富文化知识的深入学习阶段。选材涉及历史、文化、民俗、政治、外交等,侧重强调多方面培养学生的跨文化意识,以提高学生的语言综合运用能力和跨

---

① 王云锦,云南大学外国语学院讲师。研究方向:泰语教学。

文化交际能力。基础泰语课程设置是一个连贯的教学过程,从零基础泰语入门的泰语语音学习到学会单词拼读,并最终基本掌握泰语听、说、读、写、译综合技能,其课程教学设置是一个循序渐进、由浅入深的认知过程。

学分和学时设置上,“基础泰语(一)”8 学分、每周 12 学时,“基础泰语(二)”6 学分、每周 8 学时,“基础泰语(三)”以及“基础泰语(四)”均为 6 学分、每周 8 学时,四个学期的基础泰语课程共 26 学分。在专业核心(必修)课程(共 46 分)总学分中占据大半,为学生接下来第三学年到对象国交流学习奠定了语言文化基础。由此可见基础泰语课程教学在整个泰语教学中的重要性。

2. 基础泰语教学中存在的问题

2.1 基本以传统教学模式为主,教学工具和教学方法单一

虽然我国外语教学的研究已经有了长足的发展,外语教学在人才培养目标、教学方法、教学手段、教材方面都进行了改革,但是传统的教学模式依旧是当前外语教学的主流。外语教师教学中通常以教材为教学工具,按部就班的教学模式以及学生死记硬背的机械化学习方式,使得外语教学整体活力不足,乏味沉闷。

传统的泰语教学模式注重单词的累积和单一的语言技能学习,课堂教学中通常以单词解释、课文讲解翻译、语法精讲、完成练习、作业反馈的顺序完成课堂教学活动,课堂教学方法较为简单。课堂上没有明确的教学目标,往往把教材内容作为教学目标,教学内容的呈现和语言操练基本上以 PPP 模式为主,即呈现(presentation)、练习(Practice)和输出(Production)(束定芳,2014:448)。这种传统教学模式以教师和教学为中心,教学活动过程中以教师为主体,教师花费大量的时间讲解单词、分析课文、重复重点等,学生单向接收知识信息,忙于课堂笔记或课后练习,而师生互动基本以课堂提问为主,学生参与度低。由于教师以教授语言知识为目标,按部就班地遵循教材内容讲解,忽略了学生的需求与接受能力,使得课堂教学脱离学生的认知水平。同时,教学材料的输入不充分使得学生在课堂学习中显得被动。学生在整个教学活动中注重考试结果,以通过考试或取得该门课程考试高分作为学习的终极目标,而非语言学习实践能力的提升,以致不能自如地将语言运用到实际的交际场合中。

2.2 教材内容相对滞后

教材是课程设计与实施的重要环节,泰语教材对泰语课程教学活动有一定的指导作用,体现了泰语教学活动的目标。当前基础泰语课程主干教材主要是由最早开设泰语专业的高校教师自行编著。当前国内各开设泰语专业的高校课程设置大同小异,多数高校采取“2 +

1+1”的培养模式，即大学本科四年中，前两年在国内高校学习基本泰语知识，第三年到对象国合作高校学习一年，第四年再回到国内高校继续学习完成学业直至毕业。因此，按照上述培养模式，基础课程通常开设两学年，根据教学内容编写四学期的教材。据不完全统计，当前已有的用于基础泰语教学的教材有《泰语教程》(1—4 册，潘德鼎编著，2010)，《泰语》(1—4册，卢居正、邱苏伦、邢慧如、岑容林主编，2004)，《基础泰语》(1—4 册，廖宇夫、罗奕原、黄进炎、林秀梅著，2008)，《大学泰语综合教程》(1—4 册，陆生，杨丽周主编，2010—2014)以及一些非本科泰语专业教材，如《泰语》(1—3 册，龚宁珠、毕亚南主编，2005)，《新概念大学泰语》(1—3 册，刀承华主编，2014)以及部分专为泰语入门学习的语音教材等。上述教材多数由北京大学出版社、世界图书出版公司和重庆大学出版社出版。虽然上述教材编排遵循泰语教学规律，按照语音知识—日常对话—社会文化知识的顺序编排，知识体系由易到难、衔接得当。但也不难发现，当前用于基础泰语教学的教材普遍存在教材内容相似度高、教材出版时间久、知识体系陈旧乏新、口语表达语句书面语化、教材内容与学时不匹配及一些拼写错漏等问题。其中最为突出的问题是，随着社会发展，泰语教材中的部分用词用语跟当前泰国社会的口语表达习惯相去甚远，很多句式虽然用于口语对话中，但文体偏书面化，甚至很多用词为古代泰语所用，不符合现代泰语的表达习惯，使得遣词造句稍显生硬不地道。因此，教师在授课时若照本宣科，不能对教材进行合理的取舍，并补充输入该学科领域新知识的话，将难以构建合理实用的知识体系。

2.3 学生学习的积极情感因素不足

情感因素对基础泰语课程的教学产生明显的影响。影响语言学习的情感因素包括焦虑、抑制、动机、态度、性格、自尊、移情等方面(柏敏，2013:123)。在基础泰语教学活动中，由于基础泰语教学从入门开始教学，基于泰语自身的语言难点，在发音、句法等方面与汉语的差异以及教师授课模式单一，教材不适应学生发展需要，或该专业的就业前景不乐观等因素，加之学生自身学习动机不明、对所学课程态度消极、害怕出错、学习兴趣不足、学习信心欠缺以及知识接受能力低下带来的焦虑情绪等，使得学生产生了不利于教学活动的情感因素，对基础泰语教学活动起到抑制作用，表现为学生课堂参与度低、积极性不高、学习兴致低迷、师生合作教学能力薄弱等。

2.4 教师“主导”和学生“主体”地位关系的错位

从社会文化视角来看，教师是目标语和目标语文化输入输出的监督者，是课堂社会关系的构建者和维护者，又是课堂活动的设计者和评价者，教师是课堂教学的主要中介，外语教师在教学活动系统中是“中介”而非“主体”的地位(徐锦芬、雷鹏飞，2018:566)。当前泰语教学活动中，通常教师在整个泰语教学活动中占据“主体”位置，一味地给学生输送教学内容，而学生成了教学活动的“客体”，这种关系的错位使得学生处于被动学习和接收知识的状态，限制了学生的独立思考和自主学习能力的发展。

2.5 教学效果评价体系不尽合理

基础泰语教学效果的评定，即学生学习成果的评价主要以卷面考试成绩为依据，如成绩评定的考核方式采用“平时成绩 20% + 期中成绩 20% + 期末成绩 60% = 期末总成绩”的模式。这样的评价虽然也能体现出学生的学习效果，但存在一定的片面性，难以客观地体现出教师“教”的能力。同时试卷展示的成绩是学生书面读写能力的反映，无法动态地描述出学生在特定阶段的学习效果，而能反映学生语言能力的平时成绩所占比例低，且鉴于课堂时间有限，平时成绩通过课堂简单的提问以及课后作业反馈得以体现，学生泰语听说等语言运用能力难以客观展现出来，故教学效果评价也流于形式。因此，这样的评价模式对学生的语言综合能力不能给出客观全面的评定。依赖于考试的评价体制无法较好地反映出学生读和写的能力。

3. 解决问题的策略分析

3.1 完善课堂设计，教学工具和教学方法多样化

3.1.1 构建有效性课堂教学，创新课堂教学设计环节

课堂教学是实现师生教与学双向活动的主要教学形式，是学生获取知识、培养能力的主要途径。有效教学是指教师通过教学过程的有效性，即符合教学规律，成功地引起、维持和促进学生的学习，相对有效地达到预期教学效果的教学活动。判断教学是否有效并不是看教师能否根据教学目的按照教学计划顺利完成教学任务，而是关注作为学习主体的学生，能否在教学过程中理解并掌握教学内容，能否在学习中取得进步以及进步的具体程度，能否拥有持续发展的能力以及在教学活动之后继续对该学科进行探索和研究。有效教学的出发点和根本点是构建和谐平衡的教学生态，激发和调动学生学习的自觉性、主动性和积极性（李梦凡，2018：99）。课堂教学在外语教学中有着重要意义，是师生进行外语教学和外语操练的场所，充分有效地利用课堂教学对提高学生的外语能力起到事半功倍的作用。因此，在基础泰语课堂教学活动中，有效的教学活动应按以下顺序开展：设计引导性问题→提出学业表现要求→开展知识点操练→展开对话和讨论→布置学业要求→进行反思。

3.1.2 教学工具多模态

不断进步的信息技术为泰语教学提供了新的教学资源和先进的教学手段，较好地弥补了传统教学存在的不足。课堂上引入现代信息技术，不仅可以激发学生学习的兴趣，还能更好地提供教学反馈，提高教学效果。结合现代信息技术，除 PPT 教学外，还可以以微信等软件开展慕课、微课等新型方式进行基础泰语教学。教学中可根据不同的教学内容和教学目

的对教学资源进行整合。教学中应合理配制包含文字、图片、音频、视频等内容的多媒体课件,多角度地阐述教学内容,使学生通过感官审美来获得更深刻的知识印象,营造出积极有效的课堂氛围,使课堂传统教学通过信息技术的包装为语言教学提供更丰富的知识内容和更逼真的语言环境。

3.1.3 教学方法多样化

交际教学法的理论基础是海姆斯提出的交际能力理论,有的也称功能法。该理论不仅认为交际是外语教学的目的,而且认为交际应该是教学的内容和方法。教学过程本身就是交际的过程,学会一种语言不仅要掌握其语言形式和使用规则,还要学会具体运用。传统的教学模式把语言学习看作是累积词汇和语法的过程,而交际教学法则强调注重培养学习者的语用能力,注意语言知识与语用能力协调发展,克服母语负向迁移以及避免不同文化间的语用失误(崔慈行,2017:65)。因此在基础泰语课程教学中,运用交际教学法进行泰语教学活动,是开展教学活动的必经之路。体验式教学法是指在教学中以学生为中心,注重学生的感知和反思,使其在体验中进行知识构建的方法。这是建立在建构主义学习理论上的新模式,其理论基础是"体验式学习理论",即学生在具体的或模拟的情景中进行实践,通过感知、反思和体会,逐步构建知识并提升能力(Alice & David,2005:193)。实践教学使课堂教学与课外学习相结合,语言的教学活动与课外语言实践建立关系,重视实践在语言教学中的重要性。泰语教学活动中,通过举办文化活动如宋干节、水灯节、拜师礼以及泰国节等活动作为重要的泰语实践教学形式,让学生身临其境参与到活动当中来,学习和体验泰国风俗习惯等传统文化,比单一的语言讲解能获得更好的教学效果,同时能够帮助学生提升跨文化交际能力。此外,举办泰语书法比赛、演讲比赛、辩论大赛、外语角等形式也是进行实践教学的重要手段,不仅增加语用的趣味性,使教学更具吸引力,也能更有效地提高学习效果。

3.2 建立科学的教材追踪评价制度和多元化的考核方式

教材服务于教学目标,教材的选取要符合当前学生的认知水平和语言接受能力,要与语言学习的阶段目标和长远目标相吻合。教师在授课时应摒弃照本宣科、过度依赖教材的教学方式,不可把教材内容当作教学目标,不可认为讲解完教材内容就是完成教学任务。因此在基础泰语课程教学中,教师要对当前已有的教材进行合理的甄选取舍,改编或补充新知识新材料,掌握本学科领域的新动态,为学生构建合理实用的知识体系,并对教材使用情况进行追踪评价,不断更新和完善教学资源,为教学的实施提供正确有效的指导。

在建立多元化的教学效果评价体系,对教师的教学效果和学生的学习成果进行双向评价,实行同行互评、学生教学测评等多方面综合评价的同时,对学生进行学习阶段的动态评价,每两周、每月或以章节单元为阶段开展测评。此外在课堂上注重听力和口语能力方面的评价,并综合多方面成绩给出最终评价,关注学生阶段性进步而非期末考试试卷成绩的单一评价模式。

3.3 培养积极的情感因素

由于情感因素对泰语教学产生直接的影响,因此在教学活动中,要因势利导,关注学生学习过程中的情感情绪变化,规避不利的情感因素对外语学习的抑制作用。通过多种方式激发学生积极的情感因素,促进学生自主学习,提升课堂教学效果。日常教学中可通过问卷调查或同伴相处获知学生在外语学习中的情感因素变化,趋利避害。教学互动中应以称赞的方式增加学习者的自信心,挖掘泰语学习的兴趣,调动学生学习的积极性。

3.4 以学生为教学活动的“主体”,发挥教师“重要他者”的作用

教师在教师活动设计中应遵循学生的“主体”地位,以引导为主,从学生本位出发,充分发挥教师在教学活动中的“重要他者”的作用。基础泰语教学中,学生学完《基础泰语(一)》后,基本具备拼读单词和句子的能力,也就是具有自主学习能力,在之后会话或短文教学中教师要退出灌输式学习、包办代替学习思维的桎梏,在教学过程中扮演“重要他者”的作用。通过必要的讲解,老师在指导和监控之下引导启发学生对课文主题的讨论和互动,鼓励学生拓展思维,把语言知识学习和语言表达技能结合起来。

3.5 提升教师教学能力

教师教学能力的培养也是提高泰语教学有效性的关键环节。教师是教学活动的监督者和评价者,同时,学生会通过模仿教师的语言来学习,如果教师的输出存在偏误,那学生的输入很容易产生错误。教师对该学科领域的新知识新观点不能及时更新,会限制学生新知识的拓展。因此,任课老师需要与时俱进不断学习以提升自身的专业素养,通过参加教学培训、提高科研能力以及参加国内外相关的学术会议,了解该学科发展的前沿动态,才能做到师生共同进步。

4.结 语

由于基础泰语课程在整个泰语本科人才培养中占有举足轻重的作用,因此笔者在承担基础泰语教学活动过程中,发现基础泰语教学在课堂活动设计、学生学习的情感因素、教材使用以及教师教学能力提升方面存在亟待解决的问题。因此,通过对传统教学模式与调整后的教学模式进行对比,针对2018级本科泰语专业23名同学进行问卷调查和每两周的小测验,发现调整教学模式后,教学效果有了显著变化。传统教学模式即讲解单词——课文——语法——练习,以及通过书面作业和口语作业完成教学反馈,显示学生在造句和主题会话中存在照搬书本内容,对主题内容死记硬背的现象。通过调整变通,采用新的教学设计后,提出教学目标和问题,让学生展示主题内容,发现学生学习的主动性明显提高,学习兴趣

得到激发。通过小组合作,对主题知识有了新的扩充,学生更敢于表述自己的观点,能融会贯通,学以致用,而非生硬地连词成句。虽然基础泰语教学因人而异的教学模式存在诸多问题,但是当前国内对外语课堂教学方法的研究日益增多,教学更加注重个性化培养和学习者的个体差异。新的教学模式会在教学过程中优化课堂教学,提高教学效果,培养学生的自主学习能力,最终培养适合社会发展需要的泰语人才。

参考文献

柏敏, 2013. 浅析大学泰语教学中的情感因素[J]. 教育教学论坛(40):123-125.

闭晔, 2013. 提高泰语教学有效性的策略探析[J]. 教育教学论坛(24):48-49.

崔慈行, 2017. 交际教学法与语用关系研究[J]. 吉林省教育学院学报,33(07):63-65.

李福贵, 2018. 外语专业实践教学质量保障及评估反馈机制国建研究与实践[J]. 文化创新与比较研究, 2(01):162-164.

黎阳阳, 2012. 浅议泰语教学中第二课堂的开展[J]. 科技信息(10):149.

马银福, 2016. 高校泰语本科教材现状、问题及对策[J]. 教育与教学研究,30(08):95-101.

束定芳, 2014. 外语课堂教学中的问题与若干研究课题[J]. 外语教学与研究,46(03):446-455.

夏纪梅, 2004. 现代外语课堂设计理论与实践[M]. 上海:上海外语教育出版社.

徐锦芬, 雷鹏飞, 2018. 社会文化视角下的外语课堂研究[J]. 现代外语,41(04):563-573.

朱熠, 2017. 有效外语课堂教学模式研究:UbD 模式[J]. 科技世界(06):170-187.

形成性评价指导下的外语翻转课堂设计策略①

王　洁②

摘　要:形成性评价是一种关注教与学的过程、以促学为目标的评价形式。基于其特点和目标,形成性评价也被视作一种教学范式,与基于掌握学习法和建构主义学习观的翻转课堂有共同的理念和目标,并可为翻转课堂的教学设计提供一种评价的视角。基于此,文章将形成性评价与外语翻转课堂相结合,在对形成性评价的概念、内涵和工作模型进行阐述和分析后,与翻转课堂进行结合,提出了形成性评价指导下的外语翻转课堂教学模式,并基于该模式提出形成性评价视角下的外语翻转课堂设计策略,为翻转课堂的教学设计提供一个新的视角。

关键词:翻转课堂;形成性评价;设计策略

1.引　言

在十九大报告中,习总书记在教育事业的发展中指出,要“加快教育现代化”“推动网络教育”“努力让每个孩子都能享有公平而有质量的教育”“加快建设学习型社会”等举措和目标。基于掌握学习法、融合了课堂面授和网络教育形式,并借助信息化技术平台构建个性化学习环境,以发展学习能力为目标的翻转课堂对实现这些目标有很大的可利用性。2014 年在美国新媒体联盟《地平线报告:2014 高等教育版》中将翻转课堂(Flipped Classroom)列为“高等教育技术的重要发展”的三个阶段六项技术的首位,使其成为最现实的主要技术应用趋势,并得到全世界教育者的广泛关注。国内从 2012 年开始出现对这一理论的介绍和评述,2015 年开始,翻转课堂研究数量呈现井喷式增长,成为研究讨论和实践的热点,逐渐走进大中小学以及多个学科领域(金陵,2014:18)。其中,翻转课堂教学模式设计研究成为关注

① 本文是云南大学 2016 年度校级教育教学改革研究项目“TfU 框架下的翻转课堂实践研究”(项目编号:2016Y08)的阶段研究成果。

② 王洁,云南大学外国语学院讲师。研究方向:德语教学法。

重点(卜彩丽,2016:19)。

翻转课堂的"形"在于课堂形式的翻转,将知识的讲解置于课前,一般通过微视频的形式呈现;课堂上则以知识的内化和巩固为目标,以练习、任务和讨论等形式进行。于是翻转课堂被总结为"课前看视频,课上做练习"的教学形式,在教学实践中,很多学校的翻转课堂仍采用传统评价方式,翻转课堂沦为形式的翻转,学生的学习动力无法持续、翻转课堂教学效果也得不到体现、无法达到翻转课堂个性化学习并促成学习能力发展的目标,这成了翻转课堂在我国进一步发展的桎梏(边伟,2016:61)。为解决这些问题,翻转课堂的教学模式应进一步完善,并兼顾评价的视角和方法。

"评价历来是教育体系中不可或缺的一部分。教育系统中的评价一般分为两大类:终结性评价和形成性评价。"(罗少茜 等,2015:1)传统课堂的教学评价多采用终结性评价,目标为考核和甄别,考核内容偏重记忆与理解,这与翻转课堂所基于的掌握学习法和建构主义理论以及"学为中心""以学定教"的理念相悖,所以传统的教学评价无法反映翻转课堂的实际教学效果,且阻碍了学生翻转课堂的参与动机;而形成性评价关注的是学习过程,评价目的是为了促学,这与翻转课堂的理念和目标一致。本文以形成性评价范式为指导,聚焦外语教学语境下翻转课堂的教学模式设计。

2. 外语课堂中的形成性评价

Scriven 在 1967 年首先提出形成性评价这一术语,之后很多学者从不同角度对其进行了定义,所达成的共识是:形成性评价是在课程建设、教和学的过程中发生的各种系统性评价,评价任务呈开放式、形式多样化、有详尽的反馈,并以反馈和学习证据为依据对下一步教与学进行调整,旨在改进课程以及教与学(罗少茜 等,2015:3-6)。由此可见,形成性评价与传统观念中的教学将使学生学习成就呈正态分布不同,它更关注学习的过程,其目的是提升每一个学生的学习成就,并体现了评价服务于教与学的原则。

罗少茜等将这一定义置于二语教学语境中,将形成性评价定义为一种以评价为导向的课堂活动新范式。"在这种范式中,所有的教学任务都可以是形成性评价的任务。任务本身可以不变,只是形成性评价在看待和处理任务时提供了不同于一般教学的、更接近于测试与评价的视角和方法。""它以评价者的判断能力为核心,要求评价者(教师、学生)采用、调整、设计各种适当的任务(课堂提问、任务、纸笔测试、档案袋等),系统地收集学生信息(包括学习产品和学习过程),并用适当的评价工具(检查表、评分准则等)对信息进行评价分析和阐释,再反馈给评价者(教师、学生)用于调整教和学的过程,促进学生语言能力的发展。"(罗少茜 等,2015:13)根据这一定义发展出二语课堂中形成性评价模型如图 1 所示。

该模型反映了外语课堂中形成性评价的要素及关系:

(1)**评价目标**:处于评价体系的中心,决定了评价体系的构成和评价方法的选取。在外

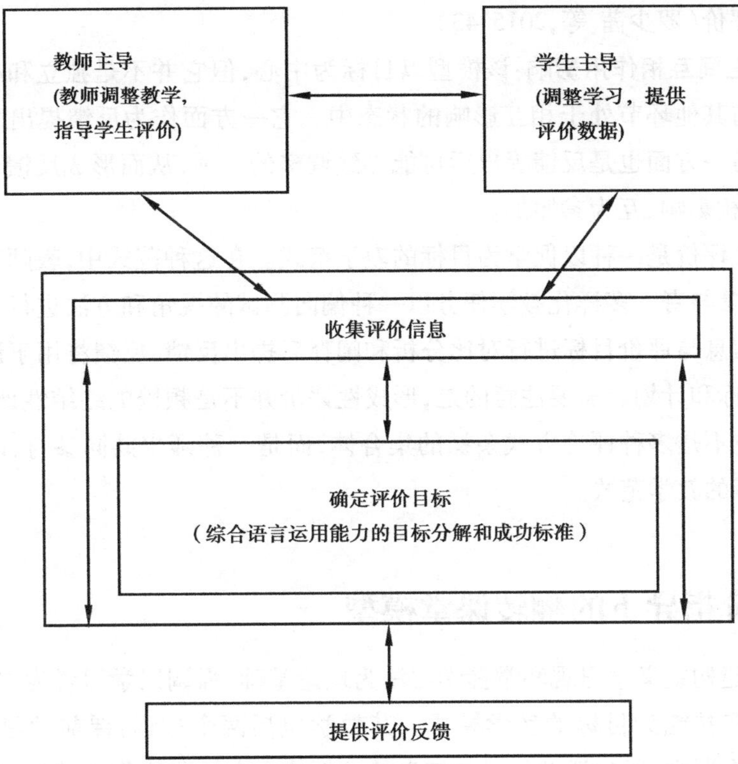

图1　形成性评价工作模型(罗少茜 等,2015:42)

语课堂中,语言的综合运用能力是一个丰富的概念,包括语言知识、语言技能、情感态度、学习策略和文化意识等,包含了对学生的学科发展、个人发展以及社会性发展的层面(罗少茜 等,2015:42)。

(2)**教师主导与学生主导**:在形成性评价模型中,教师和学生的共同努力贯穿于整个评价体系,两者作用同等重要,只是角色不同:教师是工具的设计者、反馈的提供者和教学的调整者;学生是评价信息的提供者,同时通过自我评价、同伴评价等对评价信息进行处理,并调整自己的学习。在形成性评价中,教师和学生互相配合,互为资源(罗少茜 等,2015:43)。

(3)**评价反馈**:反馈被认为是形成性评价的关键因素。反馈是关于实际水平和系统参数参照水平之间差距的信息。它包含四个要素:“具有某种可测量特制的、实际水平的数据,关于该特质的参照水平的数据,比较两种水平并产生两种水平之间差距的信息机制,用所产生的信息改变差距的机制。”(罗少茜 等,2015:76)这四个要素形成一个循环的过程,即反馈环,完成反馈循环的过程,需要缩短两种水平间的差距,否则反馈就没有发生。在教学语境下,形成性评价的反馈包括对收集到的学习证据进行现状分析、与评价目标对比并阐释,提出弥合差距的措施和方法,进而对教学进行调整,这与终结性评价止步于收集信息不同。所以,在这个工作模式当中,评价反馈本身就包含了分析证据、确认差距的过程。其实,终结性评价和形成性评价的区别不在于任务形式,也不在于是否有反馈,而在于反馈的用途:反馈若用于报告成就或者甄别评级,则为终结性评价;反馈若用于促学和下一步的教学调整之用，则为形成性评价（罗少茜 等，2015：43）。

（4）**各要素之间互相作用影响**：该模型以目标为中心，但它并不是独立和凌驾于其他要素之上的，而是与其他环节处于相互影响的状态中。它一方面作为反馈提出分析现状和目标差距的参照；另一方面也是反馈提出后可能导致调整的一项，从而形成反馈环。其他的各要素之间都是互相影响、互为参照的。

综上，形成性评价是一种以促学为目标的教学范式。在这种范式中，教师和学生是整个教学评价的积极参与者。多样化教学任务以一种偏向测试的视角和方法进行学习证据的收集，将收集到的信息与评价目标进行对比分析和阐释后提出反馈，反馈将用于调整和指导下一步教与学的目标和计划。需要注意的是，形成性评价并不是频繁的终结性评价，也不是教学档案袋本身，更不是多种评价方式杂糅的集合体，而是一种师生共同参与、以评价服务教学、以促学为目标的教学范式。

3. 形成性评价指导下的翻转课堂模型

翻转课堂以建构主义学习观和掌握学习法为理论基础，强调以学习者为中心，促进学习者自我建构知识和技能为目标的教学模式。其教学包括两个过程：课前学习和课堂学习。知识的内化发生在课中，通过活动学习和信息技术创建出个性化协作式的学习环境，来支持和促成这一过程。翻转课堂的教学模型参考图2。

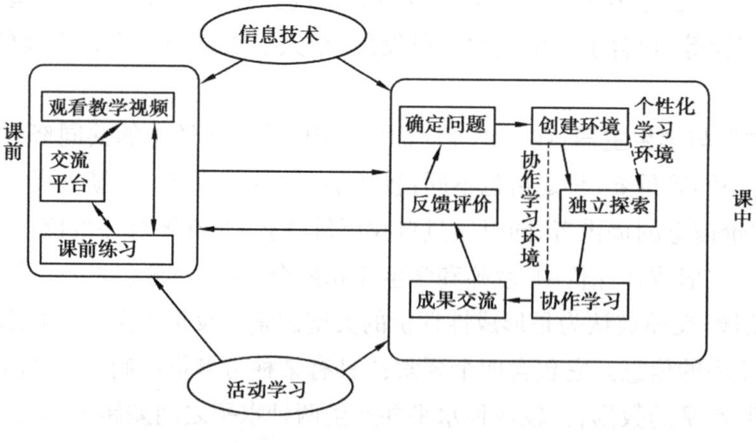

图2　翻转课堂教学模型（张金磊 等，2012：47）

形成性评价作为一种以促学为目标的教学范式，与翻转课堂有相同的理念与目标。翻转课堂教学模型重教学流程轻评价流程，而形成性评价模型重评价流程而轻教学流程，若两者进行结合，可互相补充，让翻转课堂中的形成性评价功能得以凸显，如图3所示。

如图所示，形成性评价贯穿于整个翻转课堂教学流程，分为课前和课中两个阶段：

（1）**课前阶段**：教师制作和选取相应的教学资料上传平台，设置课前练习，并发布详细的评价标准，这是课前阶段的教师主导；学生根据平台上的学习资料进行学习、练习并根据评

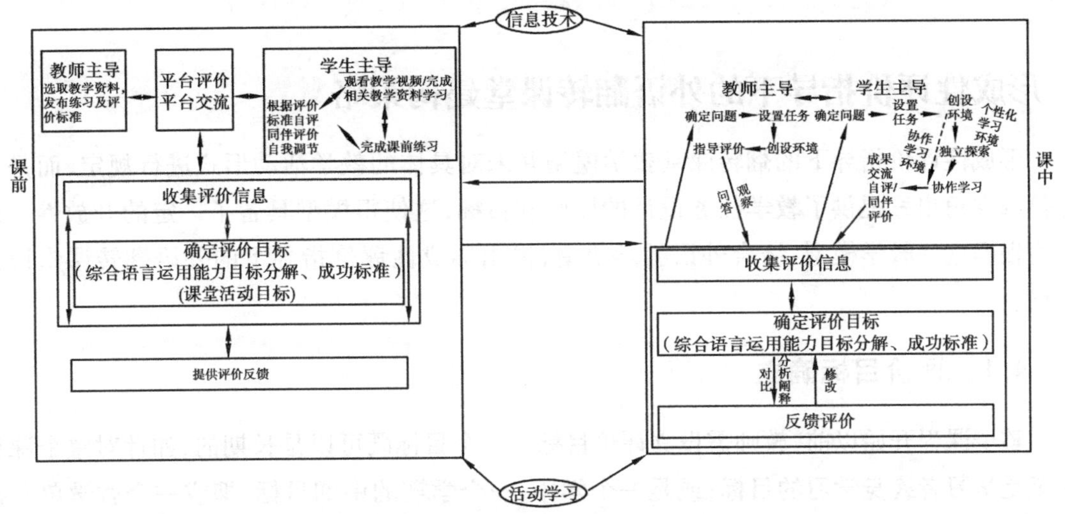

图3　形成性评价指导下的翻转课堂模型

价标准进行自我评价和自我调整，总结自己还未掌握的知识点，提出问题，在平台上进行交流，并进行同伴评价，这是学生主导的评价过程。在这一阶段，学生和教师的活动都在信息平台上进行，并通过信息平台收集评价信息，包括课前练习的完成情况、答题情况、交流平台上的问题讨论和提问等，将这些信息进行整合分析后，与原定的评价目标进行对比阐释并得出评价反馈，提供的反馈可为教师和学生在下一步的课堂活动中确立目标以及为教与学活动提供依据。

(2)**课中阶段**：课中的学习活动可以由教师、学生或两者共同主导。基于课前活动的评论反馈确定课堂活动中需要解决的问题和任务，并创设情景。在教学活动进行中，教师通过观察和问答等方式对学生进行评价指导，用搭架子的方式引导学生独立探索或协作学习完成任务，任务完成后组织成果交流，通过自我评价和同伴评价产生评价信息。教师和学生收集评价信息，建立学习档案袋，与目标和成功标准进行比对分析和阐释，得出详细评价反馈。同时，评价反馈又能对下一步教与学的评价目标确定以及下一步教与学的问题任务制定提供指导和依据。

上述模型既可作为单独一个翻转课堂流程的教学设计模型，也可以是针对翻转整个课程的设计模型：课前阶段的学习活动数据由信息平台进行记录和分析，教学者可在固定周期对其进行汇总，针对学习者该周期内的课前学习情况提出评价反馈，以支持下一阶段的学习；课中阶段的课堂活动具有开放性，模型中的课堂任务可以是一个中长期项目，这样可以通过建立学习档案袋的形式获取评价信息；结合单元测验、听写等传统测试方法，以检验一段时间内的学习效果。但是正如形成性评价定义所述，形成性评价无关形式，而在于评价反馈的用途是否用于调整下一步的教与学。教师可以在一个教学周期结束后对所收集的信息（教学档案袋、测验结果、访谈记录等）进行汇总，对比目标后提出评价反馈，以对下一阶段的教学进行调整和改善。

4. 形成性评价指导下的外语翻转课堂建构策略

形成性评价指导下的翻转课堂教学模型并未对具体的教学活动形式进行规定，而是从评价的视角出发提供了教学任务设计的原则和目标，这使得模型具备了一定的开放性。以下将根据这一教学模型、结合外语教学语境，提出形成性评价指导下的外语翻转课堂设计策略。

4.1 评价目标确立

整个课程开始以前，教师需设立评价目标。这个目标既可以是长期的，如针对整个课程甚至是学习者终身学习的目标；或是一个学年、一个学期的中期目标；抑或一个教学单元甚至是一节课的近期目标。外语各学科、各阶段都有针对性的纲领文件，如教育部发布的各类教学大纲，但是纲领文件为兼顾普适性，目标描述比较概略，需要教学者根据实际的教学情况，如教学课时、教学对象、教学环境等对其进行拆解和精分。

从语言测试学角度对语言运用能力进行建模可见（图 4），语言运用能力包括多个方面与层级。

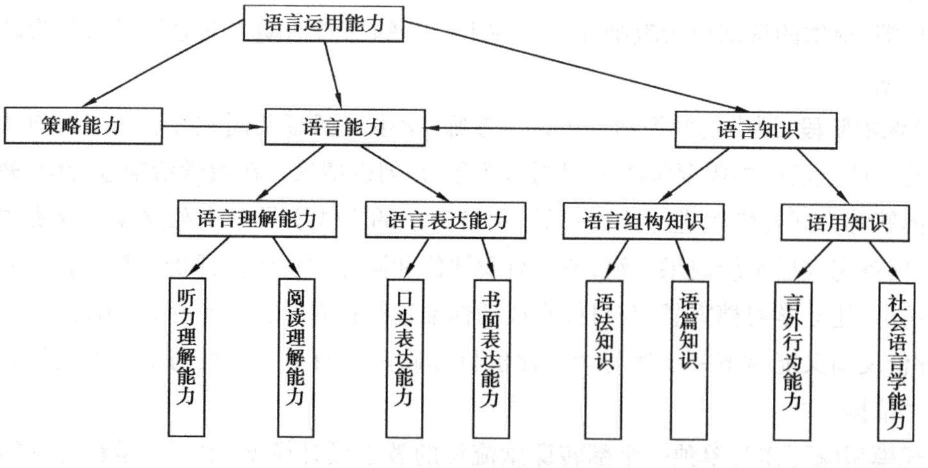

图 4　语言运用能力模型

语言运用能力由语言能力、语言知识和策略能力三个一级子分支组成。其中语言知识包括语言的组构知识（包括语法知识、语篇知识）和语用知识（包括言外行为能力、社会语言学能力）；语言能力分为语言理解能力（听力理解能力、阅读理解能力）和语言表达能力（口头表达能力、书面表达能力）；策略能力属于高级执行过程，包括一系列元认知策略或者成分，如运用策略调动话题知识、情感图示以及所有的语言知识等（郭乙瑶 等，2016：25-26）。

综上所述，外语课程的目标确立并不是现成或者简单的任务，而是需要教学者在教学大纲的框架下对目标语教学进行拆解和精分，并对每一个语言运用能力方面进行区别、定义和层级划分,且需要详细的论述以供教学过程中进行对比和评价。这对于教学者而言是很大的挑战和巨大的工作量。

在这样的情况下,建议采用现成的量表结合本课程教学大纲和实际教学情况进行目标确立。用量表来表示学习者外语水平的做法在国际上已有很长历史,且被很多国家广泛采用(郭乙瑶 等,2016:40)。其中影响力较大的是《欧洲语言共同参考框架》(*The Common European Framework of Reference for Languages*,CEFR),它是"全欧洲的一个共同参照基础,适用于制定现代外语教学大纲和考试大纲,也可用于设计外语能力评估体系表,还是编写外语教材的指南。……为外语水平规定了等级,便于学习者在每一个学习阶段和终身随时检测自己的外语学习进度与水平"(欧洲理事会文化合作教育委员会,2008:1)。CEFR 把语言等级设计为三等六级,每一个等级都对语言能力、语言知识和策略能力等进行了能力描述(can do statement),表达该层级学习者能够完成的任务以及完成的质量。CEFR 具有一定的开放性和弹性,在该总体框架的指导下,又有不同语种的具体量表框架,如德语国家出了分纲领《德语语言大纲》(*Profile Deutsch*);该框架还与其他国际语言能力测评量表进行了对应和联系,如美国 ACTFL 语言能力指南、加拿大语言基准 CLB、欧洲语言测评中心协会 ALTE 语言应用能力评估机制、托福 TOEFL、剑桥通用五级英语证书考试、雅思 IELTS、培生学术英语考试(郭乙瑶 等,2016:45-68;欧洲理事会文化合作教育委员会,2008:230-243)。所以该量表也可用来与国内外语教学大纲相结合,根据不同语种、课型以及实际的教学情况可作为目标能力精分和拆解的参考。

需要注意的是,目标能力和成功标准需要提前公布给学习者。学习者一方面可以根据目标量表对自己目前的语言能力进行自评,教师也可以收集到最初的评价信息,作为今后教学评价的参照;另一方面,学习者可以对教学目标有一个清晰的认识与掌握,有助于学习动机的生成。该量表保持一定的开放性,教师可以根据学习者的反馈对该量表进行一定的更改和完善,同时,将学习者纳入目标设定的过程,可以有效培养学习者的学习质量意识,同时也是形成性评价实施得以保证的一个重要因素。教师可以在课程开始前将量表公布、组织学生共同讨论、展示以往成功案例、与学生一同明确目标和成功标准。在之后的每一个教学单元开始前,都将该阶段的精分标准进行公布和讨论。

另外针对翻转课堂的教学流程特点,课前阶段的语言知识目标主要针对内容的记忆和初级理解层面,而课中阶段的目标设置则更偏重应用、分析和创造层面的高阶思维能力培养。

4.2 评价信息收集

翻转课堂中,评价信息的收集分为课前与课中两个阶段。

课前阶段的评价信息收集主要通过信息平台完成,包括学习者完成课前练习的时间、正确率、提出问题的次数、质量等,而登录次数、登录时长、发帖数量等可作为辅助评价因素,因为这些数据不能直接反映学习者的学习情况，只能从侧面提供问题依据，如教师分析某学习者课前阶段学习低效，可参照其登录的时间和频率数据找其原因，并提供有效反馈，但不可以把这些因素作为评价的组成部分。平台条件允许的情况下，可以把课前练习设置成题库的形式，学习者每完成一个部分的学习资料后（视频、文本或其他形式的学习资料），题库生成一定量的练习，作为对该知识点的检测。教学者可提前设置正确率，当正确率达到标准后，才能继续下一部分的学习，这类似于通关游戏，让学习者感到有挑战性，能够激发学习兴趣和动力。在完成了所有的学习后，系统将学习者做错的题目整合出来，搭配开放式问题引导反思，如“这一阶段的学习内容是什么？对于你来说哪一部分最容易理解？哪一部分感到困难？从错题集中反思你的弱点在哪里？在学习中应该注意什么？”并生成反思报告。之后，学习者需要提出自己针对这一学习内容的问题并发布在平台上，可以是疑惑也可以是自己设置的题目，并浏览和回复其他同学提出的问题。最后，再完成该部分内容的前测练习。上述形式若平台不能支持，也可以由教师公布几套课前练习和详细的参考答案，学习者需要自评并收集错题，教学者提供反思报告模版，学习者撰写反思报告并参加平台交流，完成课前前测练习。这样，教师在课前不但可以获取学习者完成课前练习的相应数据，还可以收集学习者的反思报告和交流平台上提出和回答的问题等作为评价和提出反馈的依据。需要注意的是，闯关练习中的错误率不应计入评价，这一部分是为指导学习者关注学习内容的练习，需要纳入评价的是最后一个步骤的课前练习，可作为课前阶段的一个评价依据。

课中阶段的评价数据收集形式比较多样化，根据不同课堂活动的内容和性质，可收集不同的评价信息。如建立学习档案袋、协作学习评价量表、针对不同任务的自评量表（如听力理解、阅读理解、口头表达、写作能力、翻译能力量表）、同伴评价量表、学习日志检查表等。强调学生在评价中的作用是形成性评价区别于其他评价的一大特点，所以可采用自评、互评、教师评价等多元化的方式。这些评价措施并不新颖，但是效果并不突出，尤其在儒家文化语境下的国家，学习者对自评和同伴评价的结果并不重视，只看重教师的评价（罗少茜等，2015:35），原因之一在于学习者不清楚评价标准，难以做出客观的评价。所以在使用这些方式进行评价时，需要提供清晰的评价标准，尽量采用量化的描述，避免采用“已经掌握”“已经了解”等词汇，而应该使用诸如“能听懂90%以上内容”等表述，教师可以在自我评价和同伴评价中引导学生找出广泛使用的元认知程序，并使用发展型的建议和提示，规定具体的活动，展示范例，明确说明自评和同伴评价与正在进行的教学间的联系，这都可以增加这两种评价方式的有效性，在此过程中发展学习者的元认知能力，同时也让学习者对评价标准有清晰的认识，这对其改善今后的学习产品有明显的指导作用。除此之外，教师还可以把访谈记录、观察日志、单元测验、听写、随堂测验等作为评价数据进行收集。需要注意的是，出勤率可作为提出反馈时的侧面依据或者作为协作学习量表中的一项进行评价，不应该作为形成性评价体系的一个独立组成部分，因为从定义来看，出勤率并不能作为直接的学习证据引导教与学的调整。

4.3 评价反馈

评价反馈是形成性评价的一个关键因素。有效的评价反馈由三部分构成:(1)对学习标准的理解;(2)学习标准与目前的水平进行比较;(3)采取行动,弥合两者间差距。简言之,反馈需要包括的信息应该回答“我要去哪儿、我在哪儿以及我如何到达目的地”这三个问题(罗少茜 等,2015:34)。然而在实际的教学观察中,高质量的反馈并不多。大部分反馈是一个分数、一个符号或者诸如“你真棒!”较为笼统的评语,这样的反馈无法回答上述的三个问题,也无法引发学生的思考。

高质量反馈应具备三个原则:(罗少茜 等,2015:35)

(1)反馈评价过程学生需要做更多的工作,而非教师。

(2)反馈贵在精而不在多。

(3)反馈应该与学习目标相关联。

从评价反馈的内容来看,可以将反馈分为四类:(罗少茜 等,2015:78-82)

(1)**评论性反馈**:是教师用得最多的一种反馈。这种反馈使学习者把注意力集中在自己而不是任务上。通常是一般性的积极评价如“你真棒”,或是“你是一个好学生”。这种反馈由于很少涉及与任务相关的信息,所以几乎不会对学生更好地理解任务和提高学习表现有促进作用。

(2)**关注任务的反馈**:这类反馈关注的是任务和学习者的完成情况,又叫作纠错反馈,可以和正确性、有序性、行为或一些完成任务的标准相关联。根据元分析的结果,这种反馈本身具有很强的促学功能。然而这种类型的反馈在外语教学中存有争议,如对学习者含有错误的言语的回应,这种回应包括指明学生犯的言语错误,并提供正确的目标语形式以及关于错误性质的元语言信息或所有这些内容的结合。这种反馈之所以在学界存有争议,是因为语言习得过程是以一种无意识的、隐形的方式发生的,持此观点的学者认为对语言形式的过度关注没有必要;而一些学者又认为二语习得中的纠错反馈可以引发注意,使学习者意识到自己的中介语与目标语之间的差别,产生语法重构。这两种观点处于程度量尺的两个极端,要想发挥该反馈的最优效果,需根据实际教学语境,结合以下几个问题考虑:什么样的错误需要纠正?谁来纠正?何时进行纠错?怎样的反馈形式最有效?

(3)**关注过程的反馈**:提供完成任务的过程与拓展任务的信息。这种反馈与深层学习的相关性更高,涉及意义的建构、认知过程以及将学到的知识和技能应用于新的任务。教师可以通过提示的方式提供反馈,引导其更有效地寻找信息和使用任务策略。

(4)**关注自我调节的反馈**:指向学生的努力、自我调整、自信和它们之间的互动。帮助学生实现对目标学习的监控、指导和行动管理,培养学生的自主、自律、自我控制与自我驱动。这种自我调节包括自我产生思想、情感、制订计划、周期性地依据个人目标进行调整的行动,并寻求、接收和适应反馈信息,能够进行自我评价,且对这种评价持有自信,对成败进行归因并拥有寻求帮助的能力。

综上所述，在实际的翻转课堂实践中，提供高质量的评价反馈是非常重要的。

课前阶段，评论反馈大部分由信息平台传递和提供。学习开始前，引导学习者关注学习目标和成功标准；当学习者完成相应的课前练习后，系统生成简单的评论性反馈作为一种简单的激励，且符合游戏的习惯。之后反思报告中的引导问题则需要将学习者引向关注任务和过程的反馈中，如改正错题、反思弱点、总结学习习惯等。反思报告可以培养学习者的自评意识，并将过程和方法潜移默化地进行传递，所以反思报告的问题引导应根据学习者的实际情况进行设置，从简单、明显和易答的题目形式开始，如“你是否记住了……”“以下哪项不是本单元内容?”逐渐引导思考，促进学习者元认知能力的发展。同时引导学习者将自己的学习现状与学习目标进行对比、找到差距，并提出弥合差距的方法，制订下一步的学习计划。

课中阶段的评价反馈形式多样，但要注意避免评论性反馈。无论是即时问答、项目式学习、语言游戏或者课堂测验，教师可以口头或笔头的形式对每一个学习者、项目小组、学习成果给予详细的与任务和过程相关的反馈；可采用量表辅助、为学习者提供范例等形式，引导学习者进行同伴评价以及自我评价反馈。

教师应该阶段性地提取学生课前和课中学习证据进行分析并形成评价反馈，评价反馈应体现学生在这一阶段学习中的进步、与目标的差距，以及为弥合差距还应该做什么。这样的评价反馈由开始的教师主导，转变为让学习者参与到其中，教师可以分享数据，引导学习者进行自我评价和同伴评价。

5. 结　语

形成性评价作为一种教学范式与翻转课堂相结合，其目的不在于评价，而是强调教学者和学习者用一种评价的视角对学习活动进行规划和构建，以促进教与学的改善和目标的达成。所以，本文的目的并不是为翻转课堂规定一种质量评价体系，而是提供一种教学模式融合的设计策略。所以，文中并未涉及权重系数、评价效度和信度的讨论。

翻转课堂是基于建构主义和掌握学习法的教学模式，从评价的角度来看，重结果的评价形式与之不相符。形成性评价则提供了一个评价服务于教与学的范式，使得两个教学模式可以有效融合，为翻转课堂的教学设计提供了一个新的视角。

参考文献

边伟，2016. 国内“翻转课堂”研究的最新动向与未来课题——基于 CNKI 核心期刊数据的分析[J]. 当代教育评论(3):56-64.

卜彩丽，2016. 从研究热点变化看我国翻转课堂发展趋势——基于 CNKI 数据库的词频分析[J]. 教学与管理(1):15-19.

郭乙瑶，林敦来，2016. 北京师范大学大学英语测试体系建构:理论与实践[M]. 北京:外语教学与研究出版社.

金陵，2014. 理解翻转课堂的三个关键点[J]. 中国信息技术教育(7):18.

罗少茜，黄剑，马晓蕾，2015. 促进学习:二语教学中的形成性评价[M]. 北京:外语教学与研究出版社.

欧洲理事会文化合作教育委员会，2008. 欧洲语言共同参考框架:学习、教学、评估[M]. 刘骏，等译. 北京:外语教学与研究出版社.

张金磊，王颖，张宝辉，2012. 翻转课堂教学模式研究[J]. 远程教育杂志(4):46-51.

语言服务视角下非外语专业研究生公共外语教学设计

张彩庆①

摘　要:作为国家语言战略规划的一个重要内容,语言生活是人们日常社会活动的关键部分,而语言生活的质量直接与语言服务的质量相关。国民语言生活中外语语言服务和相关的语言生活内容自然对国民总体的语言生活质量产生着重要影响。研究生作为中国教育体系中高级专业知识的重要人才群体,在全社会范围内语言生活中的占比有着重要意义。鉴于此,本文从目前研究生外语教育的一些问题出发,探讨了解决目前研究生外语教学“供需不符”“资源浪费”等问题,并提出一些可能的解决途径。

关键词:语言服务;非外语专业研究生;教学设计

1. 语言服务

1.1　概念溯源

语言服务是服务的一个类型。由于当今社会现代公民意识、消费意识在人们日常生活的全方位深入,“服务”无论是作为一种政府管理理念或逐渐加强的公共实践还是作为公民个体参与社会生活的意识和个人权利诉求都不断被显化,其具体体现为:公民能参与由国家、地方政府统一建成的政治、经济、文化生活互动网络并享受这一网络提供的各种物质性和非物质性交换、交互、交流的便利。服务具有时代特征,其对象为整个社会的公民,强调全民范围的集体利益和国家利益。由于社会生产力发展水平的差异和相应引起的社会关系的变迁以及科技基础设施、技术在日常生活层面的渗透,每一个时代的服务都被赋予了不同的内涵,从服务提供者到被服务者以及整个服务的环境、平台都发生了深刻的变化。服务是一种联结、服务是一种交互,是社群和个体活力的保障和体现。

---

①　张彩庆,云南大学外国语学院讲师。研究方向:文学、翻译与外语教学。

马克思在其《剩余价值学说史》中曾指出:“一般说来,服务也不外是这样一个用语,用以表示劳动所提供的特殊使用价值,和每个其他商品都提供自己的特殊使用价值一样;但它成了劳动的特殊使用价值的特有名称,因为它不是在一个物品的形式上,而是在一个活动的形式上提供服务。”(马克思,1975:456)从这个定义来看:服务也是一种使用价值,其特殊性在于服务以非实物的形态呈现,即服务并非实物,其提供(生产)和消费在时空上同时存在。因此,服务不能贮存,其使用价值不能脱离生产者和消费者而依存于任何物品,这类服务又称为“单纯的服务”。与此相对的是“不单纯的服务”,即结果依赖于具体的实物,如裁缝、厨师等提供的服务,这类服务往往与生产结果——产品纠缠在一起。随着科技的进步和专业化分工的加强,原来“单纯的服务”也可以转化为体现在实物中的服务,如雕塑艺术家将自己的技艺体现在一件有形的雕塑作品即产品和商品中,雕塑家的生产即服务过程和在消费者购买和购买完成后对雕塑作品的占有、赏玩就可以发生分离,也就是说,服务者的劳动产品可以以实物的形式体现和储存,直到消费者需要时再向消费者提供它们的特殊使用价值。

由于语言服务是服务的下行范畴,因此在很大程度上具有服务总体上的特征。虽然语言服务在很大程度上也可通过其物质形式,即语言产品的形式体现,如语言音像制品、教材、网络学习资源等形式,但由于本文所要论及的是通常划分在传统外语教学范畴的语言服务,因此也属于“单纯的服务”。这种“单纯性”强调服务提供者和接受者在时空上的同时性和共在性,可能在实际地理空间上产生“远距性”。

从近年研究者所做的定义来看,狭义的语言服务通常指语言翻译服务;广义的语言服务指所有以语言作为工具或项目内容而开展的服务,具体可以分成语言翻译服务、语言教育服务、语言支持服务、特定行业领域中的语言服务等四大类型。作为语言服务的伴生概念,语言生活被定义为:“运用和应用语言文字的各种社会活动和个人活动,包括说话、作文、命名、看书、听广播、做广告、语言教学等”。(陈文凯,2013:81)从定义上看,语言服务和生活有很大的重叠和交叉,本文倾向于认为,语言服务侧重于个体之外的和各类语言运用相关的社会性供给和实现环境,教育机构提供的语言(包括外语)教学是其中的一个有机板块;而语言生活既指全民性的由语言服务支持环境和系统保障下的语言自主运用,又指在这一环境中个体对和语言、文字相关的使用、消费等经济和社会生活体验,其中包括以实用为目的地主动地对语言文字的使用和被动地与由语言、文字填满的各种公共社会空间发生的感受和审美体验。

1.2 语言的经济属性

毋庸置疑,语言服务是服务的一种类型,然而,这一服务的特殊性更多地受语言的本质影响。而说到语言的本质,我们可以看到,语言研究已经从传统的语言作为一种被强调其静态特征的表意符号系统的本质主义语言观到强调语言对人类活动广泛联结的工具主义语言观。列宁早就指出过:“语言是人类最重要的交际工具”。工具性是语言的首要特性。这一点,更随着科技的发展和生产力的提高而无可逃避地渗入到人们的日常生活和认知中。人们如何看待语言在很大程度上是人们如何看待自己的反映。人们越来越多地在认知和感受上倾向于史蒂芬·伯特曼(Stephen Bertman)在《超文化》(*Hyperculture*)一书中提到的现象,一切以快为美、以多为好的增长主义,尽管这种倾向值得反思和批评。这种势头与近年提出的“语言经济学”(economics of language)在概念上有本质的相通之处。“语言经济学”认为:语言作为人类经济行为中不可或缺的工具,与其他资源一样具有价值、效用、费用和收益等四大经济特性。

从20世纪90年代中后期开始,人力资本理论也越来越强调语言能力对人力资源的价值贡献,各类语言测试成绩被作为人力资源市场对受雇者价值衡量的重要参数和变量。语言越来越被看作一种核心技能和劳动资本。这种评价思路也随着语言学新的分支学科“经济语言学”的创建而流行和深入。1996年,斯坦福大学语言学教授约翰·鲍格(John Baugh)发表了题为《经济语言学理论之维度》(*Dimensions of a Theory of Econolinguistics*)的文章,该文和“语言经济学”一样,也赋予了语言以充分的经济属性,一种对社会语言学新的“诊断”方法。“经济语言学”从此被确立为语言研究的一个最新分支,该分支提倡以实证研究为方法,求证语言的两个曾被传统语言学所忽视的面向:①语言行为,如读、写,都可作为经济商品考量,个体对语言的驾驭能力对其经济前景有直接关联;②语言的发展变化最终由社会经济环境决定。(陈文凯,2013:80)

我国在改革开放的40年来,国家一般公共财政预算从1978年的1 132亿元上升到2017年的17万亿元,翻了150多番,社会的主要矛盾已经从原有的“人民日益增长的物质文化需要同落后的社会生产之间的矛盾”转化为“人民日益增长的美好生活需要和不平衡不充分的发展之间的矛盾”。对于这一论断在物质供需关系上的阐释不言而喻,但是在超出物质层面的理解上有非常大的阐释空间,比如,在文化需要上,人民“不再满足于简单的‘视觉享受’,而更追求‘心灵感受’,不仅追求知识技能方面的教育传授,而是追求思想、精神方面的教育熏陶;不仅追求身体愉悦方面的文化娱乐,而且追求心智愉悦方面的文化娱乐……人民群众的需要也呈现多样化、多层次、多方面的特点”。从经济语言学的视角来看,中国社会主要矛盾发生转变这一现象本身就是国民语言生活内容发生变化的根本原因,这一变化本身也对国家范围内全社会的语言生活内容供给提出了新的需要,相应地,社会个体在这样的时代潮流中对外部语言服务的环境的体验、期待和个人语言生活的设计也有了新的内容。

1.3 语言服务的双重属性

“服务”作为现代政府联结城市居民和广大人民群众的基本方式之一,已经被越来越多地提到。我国建设社会主义现代化国家的理论和实践语境中,这一概念在教育系统及其中的语言教学上的应用只不过是一个对其理论内核的有限扩展。语言服务是语言生活的保障，优质的语言生活取决于良好的语言服务体系。语言服务具体包含的领域目前暂无定论：狭义的语言服务通常指语言翻译服务；广义的语言服务是指所有以语言作为工具或项目内容而开展的服务，具体可以分成语言翻译服务、语言教育服务、语言支持服务、特定行业领域中的语言服务等四大类型。（屈哨兵，2007：57）语言服务领域的表现具有市场与公益的双重属性。具体表现途径有两种，一是不同的领域对市场与公益两种属性有不同的选择倾向，二是同一领域中，随着具体服务产品与服务阶段的不同，有时偏重于公益，有的则偏重于市场。具体领域的语言服务是一个分层开放的系统，这是语言服务最具生命活力的组成部分。

1.4 研究生外语教学

《学位与研究生教育发展“十三五”规划》提出：保持研究生培养规模达到 290 万人。专业学位硕士招生占比达到 60% 左右……“十三五”时期，学位与研究生教育改革发展要继续坚持以服务需求、提高质量为主线，以寓教于研、激励创新为根本需求，动态调整优化结构；改革培养模式，提升创新和实践能力；健全质量评价，完善监督保障体系；扩大国际合作，提升国际影响力……积极发展硕士专业学位研究生教育，建立以职业需求为导向的硕士学位研究生教育与应用型本科和高等职业教育相衔接的办法，拓展高层次技术技能人才成长的通道。

作为研究生外语教学的语言服务是中国语言服务的一个重要组成部分，外语教学语言服务的质量在很大的程度上决定了研究生在毕业后成为社会人在目前依然以英语为主导的世界话语生活中的参与能力。由于研究生的生源地在经济、文化教育水平，尤其是外语语言生活水平的差异以及所毕业的本科院校的级差和个人先期投入的不同等因素，研究生在英语能力上表现出比本科生更加明显的参差性。作为中国在知识领域与国际接轨、对话的未来主体人群，研究生在国家语言生活和相应的语言服务，特别是外语语言服务中应该得到足够的重视。并且，应该开展对这一人群语言服务质量的跟踪研究，以了解该群体对社会范围内语言生活的影响力。

如何结合《学位与研究生教育发展“十三五”规划》等国家政策，加强研究生外语教学中的职业需求导向，在教学中兼顾研究生职业规划中专业知识的教学和外语语言服务的质量和特色是目前研究生外语教学中急需考虑的内容。

1.5 学术视野中的语言服务

自 2005 年始，国家语委每年向社会发布年度语言生活状况报告，这是语言生活的重要性在国家战略规划层面的体现。从专业知识研究的层面来看，近年来，作为语言生活的基本保障，在研究中，语言服务也和语言生活一道被给予了较多的学术重视。李宇明（2005：5）认为语言生活指“运用和应用语言文字的各种社会活动和个人活动，包括‘说话、作文、命名、看书、听广播、做广告、语言教学等’，这个定义指出了语言生活具有时代性、民族性、交互性、娱乐性、职业性等特征；而陈章太(2011:5)则把语言生活定义为“人们对语言文字学习、掌握和使用的状况”。屈哨兵(2012:45-48)则从系统学的角度论述了语言服务的资源、业态、领域、层次和效能系统；郭晓勇、郭龙生(2012:12-19)则对语言服务中的国家作为行为主体的“国家语言服务”进行了较为深入的思考，内容涉及语言服务类型划分、国家语言服务框架的搭建和语言服务学术理论体系的构建，中国语言服务行业发展状况、问题及对策；陈文凯(2013:80-83)则从语言经济学视角探讨了语言生活与语言服务之间的联系、差别及语言服务体系的建设等。

2. 非外语专业研究生

教育部(原国家教育委员会)曾于 1992 年印发《非外语专业研究生英语教学大纲(试行稿)》(以下简称《大纲》)。《大纲》制定以来，中国社会经济自改革开放以来发生了极大的变迁，非英语专业的学习者也因社会大环境的变化而与制定之初大不相同，这意味着外语教育需要做深刻的变革。2018 年 10 月“新时代语言科学与外语教学”高层论坛在南京邮电大学外国语学院举行，针对当下我国外语学科体系和学术体系尚未完全成型的现状，北京外国语大学中国外语与教育研究中心主任王文斌认为：应从实际出发，树立全局意识，从宏观层面对我国外语教育学科进行顶层设计，以提升我国外语教育能力为途径来提升民众的外语能力。《中国语言生活报告(2008)》指出，“外语在外资企业和外贸中的使用频率和使用范围不断加大”；《中国语言生活报告(2011)》中讲道，“有专家指出，目前我国国家外语能力远不能满足国家快速发展的需求，主要表现在外语语种数量不足、外语资源质量不高、高端外语人才缺乏、对现有外语资源的掌控和开发利用程度不够等方面”。这样的状况并不是一朝一夕造成的。非英语专业研究生作为全社会范围内具有高级知识人才序列的除博士以外的次高级人群，其对国家语言生活的参与、示范、带动等应该被给予更多的重视。为了解决问题，非英语专业研究生必须清楚自己面临的不利处境。以下是本文对研究生英语教学研究中的一些需要加以反思的环节所进行的分析：

2.1 研究生英语的教学研究力量薄弱

黄建滨和于书林 (2009:10-12)检索了 1985—2008 年中 22 种外国语言学核心期刊，发现有关非英语专业研究生英语教学的论文只有 39 篇；入选 CSSCI 的 37 种教育类核心期刊(《学位与研究生英语》除外)的只有 36 篇。相比之下，《学位与研究生英语》作为研究生英语研究的重地，该期刊同期发表的关于研究生英语教学研究的论文共有 112 篇，约为 5 篇/年。而在这 112 篇论文中，从研究所涉及的操作过程的科学性、结果的客观性、可靠性上来看，只有 19 篇属于运用到以系统地、有计划地采集分析材料为特点的定量和定性研究相结合的实证研究，而其余 93 篇则主要是以陈述、总结个人经验、理论思辨等为主的非材料性研究。从研究对象的设定来看，目前对研究生英语教学的研究绝大多数都从教师的角度出发，鲜有从学生角度进行的教学分析研究。这说明作为语言教学中外语学习服务接受者的研究生得到的重视还不够。112 篇论文中没有一篇涉及研究生英语教材的建设和编写。从 CNKI 的数字检索来看，从 1980—2008 年 9 月发表在国内各个刊物上的探讨研究生教材问题的论文不足 20 篇，对专业英语教学的研究也不多见。这些情况说明，比起相近时期蔡基刚(2007:29)把“转型期的大学英语”命名为“后大学英语时代”的状况而言，研究生英语教学和研究更显出一种捉襟见肘的集体窘迫。而这种困窘到今天似乎并没有得到根本改善，学界对研究生英语教学研究的投入仍有很大提升空间，因为研究不足就无法产生高效的指导教学实践的理念和大纲。

2.2 研究生外语课程的需求导向不足

根据《中华人民共和国学位条例暂行实施办法》，攻读硕士学位的研究生应学习一门外国语，博士学位候选人应学习两门外国语。这说明，外语水平直接成为高级知识人才学历和学位的硬性衡量指标。国家教委颁布《非英语专业研究生英语教学大纲》(以下简称《大纲》)适用于非外国语专业的研究生。外国语专业或对外国语要求较高的专业(如国际贸易、国际政治等)的研究生外国语学习和考试的要求另定。大纲恰当地阐述了硕士生，博士生两个阶段英语教学目标的重点。为确保达到外国语学位课程的要求，各单位可根据研究生入学时的外国语水平和专业需要，确定课内学时的安排和学分的计算方法。《大纲》内各项考核标准是对研究生外国语的最低要求，各单位可根据实际情况和需要，适当调整本单位的教学要求和考核标准。具体指标均以英语为例，其他语种可根据具体情况参照酌定。积极创造条件，开设多样、实用的英语课程，实施分层教学，满足不同学生的需求。

当然，由于研究生英语教学一直以来的政策性导向，作为语言服务提供者的教师和作为语言服务接收者的学生自然都是被自动纳入相关政策性语境的构成要素。但是，这种以《大纲》形式存在的政策应该从考虑学习者需求的角度出发，来对目前的研究生外语教育做新的顶层设计，因材和因需施教相结合，以避免学习者个体在专业学习时间与资源上更多的损失和社会整体在人力资源需求结构上对应用型和实用型高级专业技术人才的不足。

应该说《大纲》对具体的提供外语教学服务的高校给予了非常大的自主发挥空间。但是，这种“自主性”在实际的教学实践中并没有发挥优势，以“学习者”为导向，以“学生就业设计需求”为导向和以“社会劳动资源配置结构刚需”为导向的总体教学设计仍然缺位。在很大范围内，研究生培养依然是重学术型研究生的培养而轻技能应用型研究生的培养，在专业和外语设置上没有充分体现出“学术型”和“应用型”研究生在培养方式上的差别。在两个类型的研究生总体培养过程区别度较低的情况下，研究生的外语教育基本上也没有在总体上进行课时、课程性质、考核模式等方面的精准匹配，在具体的教学风格和环境方面，大体保持着“大锅饭”的灌输式的教学，“以教师讲解、学生记笔记为主，注重知识的传授，忽视学生交际能力的培养。而且以往的教材在编排上不合理,内容陈旧落后,一方面难以激发学生学习的积极性,另一方面也使得教师把讲课的重点放到词汇、句型、语法上面”(阎红、曾德波,2010:451)。

2.3 研究生外语能力培养板块模糊

在研究生培养目标上,早在 2006 年就有研究者就研究生培养的弹性学制上指出,“弹性”的设计本身就是对社会对培养单位人才输出需求的回应,由于我国在很长一段时间内都把培养目标定位在培养学术型人才上,而实际的社会需求却在发生急剧的变化。正如上文所说,由于涉及研究生英语能力培养所适用的《大纲》的时效性不足,不符合当下研究生作为具有高级专业知识人才和较大外语需求的人才培养的目标,所以在《大纲》修订之前,作为语言服务中外语教学服务板块的高校研究生英语教师应该积极主动地对学生的实际需求做出材料性研究,充分了解自身所在学校的研究生在学术英语和职场英语等方面的真实需求,考察不同类型的研究生在不同学位性质、不同院系、专业、意向职场方面对英语需求的不同,以及在“听”“说”“读”“写”“译”等能力版块培养方面的差异和本校目前研究生公共外语教学是否能够满足学生的各类需求。本文认为,符合学习者需求的科学的研究生公共外语教学设计必须来源于精心设计的需求调查。只有科学合理的问卷需求调查,结合研究生的学习需求和毕业后的职业设计和规划,才有可能让研究者和教学者设计出“学习者需求导向”的课程和课堂教学。

《大纲》强调语言基础训练及阅读能力。“基础训练”的要求在实际操作中有极大的弹性,在要求学生达到什么样的水平这个问题上,似乎除了让学生通过不同层级的外语教学主体和研究部门专门设计的各类闭卷考试之外,并没有别的评价手段。一些学者在对《大纲》的特征及存在问题做了分析研究后,认为《大纲》需要着重考虑社会发展引起的学习者的需求变化。刘学政等研究者认为研究生英语教学应该侧重学生的应用能力,以迅速提高学生的交际能力为重点;罗立胜则认为应该重视研究生英语写作课程的设置,进一步培养研究生的英语写作能力。也就是说,研究生外语教学具体应该怎么开展,学界对此是有分歧的,这种分歧存在的原因大致是由于学者考量的对象,即研究生群体,在以下几方面存在差异:①地区差异;②学科差异;③生源差异;④研究生个体就业设计差异; ⑤教学者与研究生潜在的语言观之间的差异等。(蔡基刚,2007:29)

在能力培养板块的设置上,由于研究生公共英语课程设计与本科生公共英语之间存在的“非延续性”,使得大部分研究生在英语输出能力,包括口头输出和文字输出(写作、翻译)上仍然困难重重,非外语专业研究生的外语学习经历多半是“尴尬的”。这种“尴尬”在很大程度上与教师和学生之间存在的对英语学习目标认识的差异有关。研究者发现,英语教师对研究生阶段五项能力的重要性评价依次是:①“能阅读自己领域的专业英文文献”,②“用英语写论文摘要”,③“具备自主开展英语学习的能力”,④“听懂英文讲授的课程、报告会和演讲”,⑤“能简单地口头讲述自己的经历或阐述自己的观点”。就技能而言,学生最看重的是听、读、说,尤其是听、说的能力,而教师群体更侧重读、写能力。就语域而言,学生不仅有促进专业学习方面的需要,对日常生活中英语交流的需求则更强,而教师更重视在学术环境下的语言能力。同时,学生对于口头表达的得体性,即语用能力方面相对看重,而教师群体则对学生的自主学习能力有更高期待(吴莎、张文霞、郭茜,2018:55)。鉴于此,在教学设计中,加强对以“听”“说”为主的口头交际能力的培养将更好地解决供需不符的问题。而事实上,就像商业性软件、服务等产品在生产设计之前都需要对用户进行深入、广泛、精确的需求分析一样,在对学生进行外语教学之前,培养单位有必要加大对学生的需求调研,拿出具有准确先期水平分层和需求分层的数据,并依据调查结果进行大班、小班并存的多层次、多样性分班。比如对于外语学习没有清晰目标、在就业设计上对外语也没有刚需的学生可以主要考虑大班中等程度课时配置的教学;而对于职业规划清晰、对外语能力有强烈需求或个人有浓厚兴趣的研究生可以设置小班制、多课时配置的教学,在对教育、教学成本的平衡问题上可以在自愿基础上按课时让学生承担超支的成本部分。

3. 均等、专业和外语学习有机结合的英语教学设计

清晰合理的目标是有效教学与科学测评的前提和基础。不同类型和层次的高校因所处区域、办学特色等实际情况不同,理论上不应该使用同一教学要求。教育行政管理部门,或者说具体的高校非英语专业研究生教学实施单位应研究、制定符合本校发展需求的具体可行的研究生英语教学指南,明确本校研究生英语学习的目标,重视学术交流能力,以综合语言运用能力为主线,侧重培养学生在专业导向下的自主学习能力、批判性思维能力和跨文化交流能力,落实听、说技能训练。

3.1 网络学习形式下的外语学习和经济机会均等

语言具有经济属性。语言能力强的人在人力资源市场上有着更强的竞争力。一个就业者在语言上的先期投入能在很大程度上左右其未来的职业境遇和经济状况。如何在互联网外语学习资源惠及全民的情况下,帮助研究生更好地养成网络英语学习能力、习惯甚至爱好,最终达到用最经济的方式学好外语的目的。由于当今除由国家财政支持的高校事业单位提供的语言教育、语言服务以外,还有很多语言培训机构承担的商业性语言培训服务也为在校研究生提供了更多的语言服务。但是,就在校生以自行购买校外高度商业化的语言培训而言,他们通常需要支付高昂的费用和花费大量的时间成本。高费用让一些对外语学习有浓厚兴趣和高度决心的经济较贫困的学生很难得到个性化的语言培训机会。如何在现有互联网高度成熟和移动终端全面普及的网络传播和学习环境下,从宏观上更加合理、平衡地进行专业课程和外语学习设置,为更多的经济支付能力较低的研究生提供更实惠的外语能

力提升通道,为其在毕业后在社会和语言生活中奠定良好的基础,成为研究生培养单位在新的科技环境下推出新的外语教学服务环境首要考虑的问题。

3.2 "学习助手"辅助下 EGP 和 ESP 有机结合的集体外语学习

新时代科技环境下,教师角色和学习者角色都面临着调整的需求。以语言文学为底蕴的专业知识储备和审美培养需要与具体的专业知识结合。教师需要不断学习,更新、升级自身的学科知识储备,能在一般层面上充当研究生专业知识所涉及的权威外语网站或特定的网络资源的"学习助手",在课堂上主要指导和协助学生更好地理解复杂句型和表达结构,即把传统的通用英语 EGP(English for General Purpose)和更切合研究生英语学习需求的 ESP(English for Special Purpose)无缝结合,在适当的时间节点穿插一些能调动学生交流意愿的趣味性和生活化的点评。这样既保证了以专业知识为框架的基于内容的外语学习 CBI(Content Based Instruction)(Richards,Rodgers 2001:204)的实用性,又保证了学生可以与教师和同伴进行讨论和互动,在社会文化框架之中完成其对外语语言的学习。

3.3 "美丽科技"主导的体验性自主外语学习

由于地区差异、语言学习能力差异以及个人职业规划的差别,研究生在完成硕士阶段的专业和英语学习后,只有少数会继续攻读博士,加上在就业地区选择上的限制,学生在毕业后实际上需要用到外语的机会很小。而由于外语学习的特殊性,"不学即忘""不用即忘",造成了在研究生这一庞大群体在整体上的时间资源浪费,这比起个人学习者在外语学习上的"费时低效"(戴炜栋,2001:323)应该说有过之而无不足。所以,如何在宏观上调控作为语言生活内容在学校教育期间的供给总量,尤其是供给方式是值得深思的。因为,根据《大纲》,学习外语是必需的,那么如果从保障学生的语言生活的丰富性和时代性的层面来讲,学习英语是必不可少的,但在学的同时,能不能把"必修"这一性质作"弱化"处理,转而重视学生对外语语言及所携带的文化信息的参与性和体验性,加强从美育和情操陶冶层面入手的熏陶式教学,让绝大多数学生扭转对外语学习"苦而无用"的"刻板印象",这样也能从根本上节约学生的时间资源,让其更多地投入到专业知识的钻研中,而把因政策要求和实际在国际知识领域内发表文章的专业外语译、写、审定的工作交由专业的国内外外语从业者完成。

对于这样的学习模式,学校应该引入一些用户友好型的人脸无盲区识别和眼动分析等基于网络的神经科学和脑科学应用软件,这样的技术平台可以在对用户体验"透明"的情况下,自动记录学生的学习时间(exposure rate)和专注程度,并最终根据学习者在外语学习上的自主体验,给出相应的一般性考查评价。

3.4 公益属性主导下的市场属性

在研究生外语学习需求精准分析的数据框架下,根据自主自愿的原则,培养单位能够开放多元立体的外语教学服务体系，让学生能够结合自身专业发展需求、职业设计需求、自我经济支付水平，甚至是个人兴趣等因素来选择课程、课型、课时等配置。这样的多元设计，从根本上来说符合语言服务作为商品的经济属性，也符合学习者语言能力水平在就业市场上薪资回报的正比关系。这需要培养单位投入更多的调研资源，才能得出具体可行的、细化的设计方案。

3.5 建设英语和地缘优势非通用语并重的研究生外语教学格局

具有特定国际地理、地缘优势的地区应充分发挥其优势，在学习英语通用语的同时，可以结合本地区与邻国的经济、文化往来的战略发展规划，根据培养单位的师资队伍、教学能力和经济、教研需求增设对象国外语课程，自主设计本单位外语教学的语种组合，为更好地创建与邻国的政治交往、经贸活动、文化交流做好长期的语言人才储备和服务准备。在目前我国"一带一路"倡议的背景和大国外交的环境下，这将会对各边疆地区的国际化建设形成强有力的外事、外交人才储备。

就非通用语学习者的个人发展而言，这样的教学格局也将为其开辟新的职业方向和可能。如果非通用语种的学习能够在专业培养的基础上进行，做到"专业强"、能应用非通用语而又懂以英语为代表的通用语，那么这样的语言能力将为学生在未来就业机会上占据极佳的起点优势，甚至成为我国在各类国际组织和区域性组织开展公共外交的直接人才储备，在解决自身就业的同时，为解决我国目前在国际上代表中国的"国际公务员"（刘宝存、肖军，2018:1-2;王奕、梁佳 等,2019:51-52）的紧缺贡献力量。

4. 结　语

指导研究生外语教学的《大纲》在实践中存在时效性不足的特点，而且，由于我国社会经济在改革开放以来飞速发展，以 4G 为代表的网络传播技术的成熟和个人移动终端的普及，中国人的日常生活以及研究生在学校学习期间的语言生活都发生了本质的变化。在这样的背景下，目前以研究生英语教学体现的研究生外语语言服务已经不能满足学生就读期间和毕业后作为社会人对丰富的语言生活的需求。本文从分析语言服务的服务本质开始，谈到了语言服务对语言生活的重要性。语言生活和经济生活等其他社会活动相互依存，良好的语言生活是一个人精神生活质量的评判标准。本文提出了在当今研究生外语仍存在"费时低效"和"供需不对称"的情况下，如何利用通讯科技改善学习者的自主外语学习和集体学习的体验，以及如何做到专业和外语学习有机结合的一些设想。当然，这些设想在具体实施时必然会遇到一定的困难，但随着国家发展和对研究生教育的重视，这些改善研究生外语学习体验、提升学习效果的"硬件"设施的建设是值得期待的。

参考文献

BERTMAN, STEPHEN, 1998. Hyperculture: The Human Cost of Speed[M]. SanFrancisco: Praeger.

RICHARDS J., RODGERS T, 2001. Approaches and Methods in Language Teaching[M]. New York: Cambridge University Press.

蔡基刚, 2007. 转型时期的我国大学英语教学特征和对策研究[J]. 外语教学与研究(1): 27-32.

陈文凯, 2013. 语言经济学视域下的语言生活与语言服务[J]. 河南社会科学(9):80-83.

陈章太, 2011. 关注中国语言生活[J]. 北华大学学报(社会科学版)(5):4-9.

卡尔·马克思, 1975. 剩余价值学说史(第1卷)[M]. 郭大力,译.北京:人民出版社.

屈哨兵, 2012. 语言服务的概念系统[J]. 语言文字应用(2):44-50.

李宇明, 2005. 中国语言规划概论[M]. 长春:东北师范大学出版社.

屈哨兵, 2007. 语言服务研究论纲[J]. 江汉大学学报(人文科学版)(6):56-62.

黄建滨, 于书林, 2009.《学位与研究生教育》1985—2008年研究生英语教学论文统计分析研究[J]. 学位与研究生教育(7): 10-13.

阎红, 曾德波, 2010. 四川师范大学研究生公共英语教学的现状与思考[J]. 外国语文论丛(3):3.

国家教育委员会, 1992. 非英语专业研究生英语教学大纲[M]. 重庆: 重庆大学出版社.

吴莎, 张文霞, 郭茜, 2018. 高校研究生英语能力需求及满意度调查研究[J]. 学位与研究生教育(3): 47-53.

郭龙生, 2012. 论国家语言服务[J]. 北华大学学报(社会科学版)(2):12-19.

刘宝存, 肖军, 2018. "一带一路"倡议下我国国际组织人才培养的实践探索与改革路径[J]. 高校教育管理(8):1-7.

王奕, 梁佳, 赵文, 等, 2019. 以国际组织人才培养为导向的高校研究生教育国际化建设研究[J]. 教育教学论坛(35):42-43.

探析多模态理论在英语听力教学中的应用

赵　镭[①]

摘　要:在现代网络和多媒体技术的支撑下,将多模态理论运用于英语听力教学,有助于调动学生听觉、视觉、触觉等多个模态,使教学活动更加接近实际情境下的言语交际过程。本文主要探讨听力课堂上多模态教学模式的构建、听力文本的选择以及教学活动和教学任务的设计与安排。

关键词:多模态;英语听力教学;教学模式;听力文本;教学任务

1.引　言

现代教育技术正在改变英语教学内容、教学方法和教学手段。然而,因为课堂时间紧张、教学任务繁重和班级规模较大等因素的限制,英语教学活动在实际的设计与开展中在很多方面未能体现与先进技术相匹配的高效率。以英语听力课堂为例,计算机网络技术、多媒体技术、移动电子终端等新技术取代了收录机、磁带等传统工具,但是教师们仍然采用传统方式进行授课:教师播放教材录音—学生做题—以问答形式核对答案—教师讲解说明。这样的授课模式以灌输语言知识为主,教学的主要任务是帮助学生理解所学的知识,并且存入记忆中,对学生英语听说能力要求较低,并没有给学生提供太多实践、活动的空间,教学效果也不理想。对于如何使英语教学在计算机网络和多媒体技术介入下发挥高效率,多模态理论指明了教学操作的方向,教师可以将口语、书面语等交际模式和身体语言、图像、视频、音乐等交际模式融合,促使其相互联系、依靠和协调,构建出具有灵活性、整体性的教学情境。本文主要探讨如何将多模态理论引入英语听力课堂,具体阐述教师如何组织教学活动和设计听力教学任务。

---

① 赵镭,云南大学外国语学院讲师。研究方向:英语教学。

2. 定　义

模态指的是运用听觉、视觉、嗅觉、味觉和触觉等多种感觉，通过语言、图像、声音、动作等多种符号进行交际的现象，其所凭借或倚重的交流手段或设备，如纸张、网络等即媒体（徐艳丽，2013：169）。模态通常分为单模态、双模态和多模态。在交际过程中只使用了单个感官的被称为单模态；使用了两个感官的被称为双模态；能够运用三个或以上感官的叫作多模态（顾曰国，2007：3）。

根据 O' Halloran（2008：231）对多位专家观点的综合，多模态是"综合语言、视觉图像、其他符号资源，构建纸质、数字媒体和日常生活文本、事物、事件的理论分析与实践。"

3. 多模态理论下听力教学模式的构建

听力教学是以听觉模态训练为手段的英语技能训练，主要通过听觉模态来传递信息。但是，在实际言语交际过程中，单纯的语言并不是唯一的信息传递手段（章岚，2017：76）。在言语活动中，话语意义的实现有诸多非语言因素参与其中，如非语言特征的音调、语速、语气等，身体语言的手势、身势、表情等，以及一些非身体特征，如 PPT、网络、周围的环境因素等（张德禄，2009：15）。因此，在英语听力教学中要注重多模态教学模式的建立，其中模态的选择至关重要，它影响和决定了学生听力学习的效果。

3.1　模态选择的主导因素

张德禄（2009：17）根据 Halliday 的系统功能语言学的语境理论提出，外语教学中主导模态选择的基本因素是：

（1）教学内容：所教课程的内容，包括难度、深度；所要培养的基本技能以及要培养的学生素质。这个方面也可以视作是教学设计中的教学目标，因为它制约着模态选择和教学方法的选择。

（2）师生特点：老师和学生的基本情况，包括老师的教学水平、教学理念、性格、爱好等，以及学生的现有知识结构、兴趣、能力等，还包括师生之间的关系和交际目的，如：传授知识、提供实践机会、提高能力等。

（3）教学条件：设备和用具、教学环境、传播渠道等。教学条件直接影响教学方式和教学设计，如：教室大小是否可开展讨论活动，电脑设备和投影仪可在使用 PPT 进行讲解说明时提供帮助等。

先进的计算机网络技术和多媒体为英语听力课堂教学带来了大量丰富的多模态资源，如图像、动画、言语、文字、颜色等，老师和学生获得了教学和学习的丰富语料。另外，现代多媒体技术的发展为课堂上的多模态交际提供了新的环境、条件和途径。因此，教学设计者应考虑如何科学设计、合理配置这些模态资源，使其发挥对教学的促进作用，进而提高教学效率。其次，教学设计应该根据教学目标、教学内容和学习者需求选择并编排适当的模态资源，从而促成学习者充分利用现有的多模态资源，调动其学习兴趣和热情。

3.2 模态配置与构建

多模态与多媒体环境下的听力教学模式应尽量避免传统听力教学过程的弊端，不应只允许听觉模态占据唯一位置，而是要调动学生的多模态感官参与到学习过程当中。

1）听觉模态的主导地位

听觉模态是英语听力教学中所必然涉及的模态形式，它起着决定性的作用。听力教学中的听觉模态不仅存在于听力材料中，还包括教师在教学过程中对学生听力学习做出的详细指导，以及教师在学生结束听力活动后对听力学习效果给出的必要的言语评价和反馈。当然，在教学过程中，为了提高和促进学习者的听力水平和理解能力，会涉及听觉模态以外的其他模态，但无论在这一过程中涉及哪些模态，都必须以听觉模态为中心，绝不能舍本逐末，其他一切模态的使用均应围绕听觉模态来展开。例如，适当运用图片、视频等视觉模态，帮助学习者理解听力材料，加强其对信息的整合能力，但须控制视觉信息量的大小，以不高于听觉信息量为原则，避免造成学习者过于依赖视觉信息而规避听觉信息的可能性。

2）视觉模态的辅助作用

在听力教学中，使用视听材料，辅以图片，使声音和图像相结合、听觉和视觉相结合、语言和情境相结合，对学生的听力学习都是非常有益的。（章岚，2017：76）另外，从评价的角度看，图像具有强大的态度影响力，多模态语篇中言语与图像的互动可以创造附加意义，同时，视觉模态的直观性，使其能跨越不同文化的鸿沟而获得理解。（徐艳丽，2013：169）在听力课堂上，听觉模态和视觉模态的关系是，听觉是主导模态，主导交际的进程，而视觉模态则对听觉模态起到强化的作用，通过视觉模态来使听觉模态得到的信息更加清晰和准确。视觉模态还可以补充和弥补听觉模态所缺失的、没有传达清楚的、或者听话者没有完全接收的信息。（张德禄，2009：18）教师可采用多种方式加强听力教学课堂中的视觉模态的作用，例如在制作 PPT 课件时，在文字为主体的前提下，可以增加有助于理解听力内容的图片，或者通过 PPT 字体颜色的变化来引起学习者对所强调内容的注意。另外，也可以引入视频材料，但要注意视频材料的引入不应只停留在趣味性的层面，应选择能够提供所要解决的听力材料的背景知识、人物关系、逻辑关系的内容，能有利于学生对听力材料的进一步理解。此外，教师本身也是提供视觉模态资源的可能性来源，如教师配合话语会有适当的手势、身势和表情等。

3）其他模态

在听力教学中，除了上述提到的听觉模态和视觉模态，还可能存在其他的模态形式，如触觉模态、嗅觉模态和味觉模态等。相较于前两者,这些模态形式出现频率相对较低,例如,触觉模态主要体现在教师与学生、学生与学生之间在进行讨论、复述等互动性活动的过程中有可能出现肢体的接触,或者是师生与周边环境,如教材、教具、多媒体设备的接触。涉及触觉模态的教学任务的设计“标志着听力课堂的灵活性和任务的多样性”(徐艳丽,2013:169),可以考虑在课堂上适当引入,但仍然须以听觉模态为中心。是否需要出现嗅觉模态和味觉模态,更多地取决于听力材料的需要。例如,教师在导入有关中西方在拜访亲友时携带的不同礼物的听力材料时,借助实物进行讲授,实物带给学生的嗅觉(如鲜花)和味觉(如巧克力)的体验,会使学生对听力材料的理解更深刻,更能产生共鸣。总体来说,这三种模态处于较为次要的地位,教师可根据自身情况以及客观条件加以取舍,以增进理解和不干扰主要模态为基本原则。

4)各种模态之间的协调

模态的选择涉及最佳搭配问题,从模态之间的配合角度讲,不同模态不能产生矛盾、相互抵消、相互无关、互不衔接等现象。(张德禄,2009:19)因此,在英语听力教学中,教师应坚持以听觉模态为中心,视觉模态为辅助,其余模态则根据教学内容和学生需求来灵活配置。避免出现刻意使用视觉模态或触觉模态,而忽视了听力课的根本是提升学生的听力水平。同时,应遵循多模态交替出现的原则,互相协调,使听力课堂随着教学任务的变化而出现不同模态的相互转换和融合。例如,针对一则听力材料,教师可先通过 PPT 介绍背景信息,调动学生的听觉和视觉体验,引导学生完成听力任务。在完成听力任务后,教师可引导学生进行角色扮演来模仿听力材料中出现的人物和再现主要的对话信息,在角色扮演的过程中,模拟真实生活情境,同时涉及视觉、听觉、触觉等多种感官,但最终强化的是学生的听力能力。

4. 多模态条件下听力教学任务的设计

4.1 文本的选择

多媒体、多模态学习就如一把双刃剑,使用得好就可以把学习者的注意力真正集中到知识点上去,提高学习效果;使用得不好反而会使学习者的注意力分散,对学习产生干扰。(顾曰国,2007:9)因此,多模态教学中选择合适的文本非常重要,“在语言教学中,有效的听力材料必须以合理的学习理论原则为基础,(难度)适合学习者的需要,能展现语言如何使用的例子,并能提供给学生交际的机会和真实使用语言的机会”(Richards,2002:50)。

根据 Brett(1997:39-53)做的对比实验,在以录音机、电视、多媒体为媒介开展相同内容的听力教学,结果证实多媒体的教学效果最好。多媒体听力材料在很多网站都可以找到,如国外新闻网站 VOA,BBC,NPR 等,以及提供英语视听文化的网站,如 TED,The Economist,Research channel 等。这些网站提供的材料大都是与时事息息相关的“真实材料”。真实材料,如广播公告、新闻采访、学术讲座、谈话聊天、电视节目等都是由母语使用者在真实语境下提供的生活交际活动,有助于提高学生现实生活中的英语听力水平。这些材料丰富了我们的文本来源,但是在选择上要科学谨慎。首先,听力文本要满足课堂交往和信息交易的需要,必须设计成课堂活动的环节与纽带。其次,会话形式的听力材料更能体现语言的交互功能,并且在多模态条件下更容易实现,应该被广泛使用。再次,听力文本不宜过长,过长的文本会使学生失去耐心和信心,难以集中注意力,影响后续活动的开展(谢竞贤、董剑桥,2010:11)。

确定文本内容后,需要对文本进行编辑后再进行课堂教学。首先,根据学生的听力水平和程度,利用编辑软件对听力材料语速进行调整,或剪切掉一些过于复杂的信息,以此来控制文本的长度和难度。其次,利用编辑软件,可以把几个同一主题,或者对比鲜明的听力材料剪辑合并,制作出一个适合教学练习的听力材料,以提高学生的学习兴趣和课堂教学效率。

多媒体下的听力文本选择余地大,呈现方式多,信息量大,可以更好地调控可理解性输入的量与质,能充分利用学习者的多模态学习方式,提高语言学习的效果。但最为重要的是,听力活动要进行有序的设计,将之与课文内容、课堂活动有机结合起来,以全面训练学生的听力技能与技巧。

以下将以多媒体听力材料"Turning Point"为例来探讨如何基于多模态理论开展教学设计。选择该文本是基于以下几个原因:①它反映的是真实语境中的交际活动;②它与课本内容"Experience"(经历)所在单元主题相关;③其内容符合本单元的教学目标:使学生掌握正确使用过去式描述过去发生的事情,分享生活经历;④难度适中,内容在具有教育意义的同时又能激发学生的兴趣;⑤教师在课前做了剪辑,控制了材料长度,有利于课堂活动的开展。

4.2 课堂教学设计

多模态听力教学活动依旧按照听前、听中和听后这三个教学环节来设计教学任务,并参考顾曰国(2007:3-8)提出的多模态学习的三个过程:①学习者通过感官系统与外部环境互动以获取信息;②学习者通过感官系统对获取的信息进行处理和意义建构;③学习效果通过外部行为表现,学习者获得实践能力。

1)听前阶段:教师进行听力材料导入

听前阶段是帮助学生为将要听到的内容做好准备,这有助于他们更有效地完成听力任务。听前导入活动有利于激发学生的学习兴趣,为后续教学环节的推进做好铺垫,通常导入活动可以采用以下几种形式:①教师提供关于所听材料的相关背景信息,包括人物简介、事件的历史背景、材料中难度较高的词汇或短语等,让学生在信息和语言储备上做好准备;②教师可提供与材料相关的图片、视频或实物,提问与听力材料主题相关的问题或发起小组讨论活动来启发学生的思维;③教师通过课前剪辑好的文本,先播放听力材料中开头片段,让学生预测接下来会出现的内容,或播放剪辑好的几个提示材料主题要点的片段,让学生关联并猜测材料的内容主旨。该环节的设计旨在调动学生的听觉、视觉模态,当然,如果有互动活动或实物介入,还有可能出现触觉或味觉模态。

实例:

步骤一:教师通过 PPT 引导学生了解"Turning Point"这一视频材料的主题,提问:"什么是转折点?""你人生中的转折点是什么?",接下来安排学生进行小组讨论和分享。

步骤二:教师通过 PPT 介绍视频材料中的主要人物名称,并提示这些人物是接下来所要做的听力练习中的关键人物,同时给学生提供完成练习会使用到的部分关键词汇和表达。

步骤三:教师播放剪辑过的视频材料片段,该片段帮助学生在听前了解材料所述故事的前情提要——主人公去世后给与他曾经有过一面之缘的人留下了遗产和信件,既让学生清楚人物关系,也可留下一个悬念,调动学生听的积极性。另外,需要说明的是,该片段功能旨在提供听前背景信息,所以材料以图像画面加字幕的形式给出。

步骤四:教师通过 PPT 向学生说明听力练习的具体任务,使学生充分了解下一阶段要做什么以及以什么样的形式完成。

2)听中阶段:学生获取可理解性输入,并且进行意义建构

听中阶段是听力教学活动中的关键,一方面,按照设计好的任务去听可以有效帮助学生理解听力材料,因为这些任务能:①提供一个焦点,给学生指出每个听力材料的重要之处;②帮助学生感知文本的结构(原因和效果、问题和解决方案等);③帮助学生把听力材料分解成小节或信息单位;④为学生提供应该怎样回应的线索;⑤让学生在整个听的过程中都全神贯注(Wilson,2008:100)。另一方面,设置听中任务是希望学生能出示他们理解或没有理解听力材料的证据,这也就是为什么听力任务通常要求学生以做笔记、写出问题答案、判断对错、回答多项选择题等方式做出回应。通过这些回应,教师可以知道有哪些地方需要干预、解释说明或提供进一步的练习。

听材料,第一遍是听大意,即听出主要意思,是以综合理解为目的,如理解说话者整体的交际意图,或掌握听力材料的大致结构。较为常用的练习形式是提问 What/Who/Why。第二遍听材料时要求学生听细节或具体的信息,也就是精确理解听力材料。材料中有些逻辑关系和细节非常重要,通过设置细节问题,可以引导学生理解得更为准确。针对有难度的问题或有疑问的地方,可以提醒学生在听第三遍时注意。最后可根据需要讲解文本中有难度的句子结构、固定搭配、词汇等知识,以及文本所涉及的生活常识或文化问题。另外,做笔记是听力练习中的一项重要活动,记录的信息是理解和回忆听力材料内容的有效参照,同时它还可以将学生的注意力提升到一个更高的层次。听中阶段拟调动学生的听觉、视觉和触觉模态。

实例:

步骤一:教师播放剪辑好的视频材料中具有代表性的两封书信的视频片段,此片段无字幕,学生可以结合图像画面进行第一遍听力。

步骤二:教师分别播放这两封书信的音频,每封书信播放两遍,学生边听边做笔记,尽可能记录书信中讲述的内容细节。

步骤三:学生按照课前安排的分组进行小组活动,分享和相互补充记录的笔记信息,通过讨论形式尽量还原视频中书信的完整内容。

步骤四:教师给每个小组发信纸,学生把完整的书信内容誊抄在信纸上。

3)听后阶段:学生通过实践来实现知识的内化和长时间保存

这一阶段常采用听说结合或听写结合的手段。有了前两个阶段听的输入,在听后阶段引入说与写是为了帮助学生完成语言知识从输入—内化—输出的过程,形成英语教学中完整的教学链,从而实现教学目标。教师可以根据教学进度、课堂容量以及学生对听力材料感兴趣的程度来安排具体的教学活动。例如,说的活动可以安排复述材料内容、开展讨论或辩论、角色扮演等;写的活动可以安排撰写听力练习后的反思日志、根据视/音频内容写概要或感想等。通过这些活动,既能把听中阶段里短时记忆的信息快速转化为长时记忆的信息,还能大大提升学生参与课堂活动的积极性,同时也提高了学生通过说与写来表达思想观点的交际能力。听后阶段也能调动学生的听觉、视觉、触觉模态。

实例:

步骤一:教师通过 PPT 向学生展示所听两封书信的文本,对照文本提示学生在听时容易出错或遗漏的要点,学生在此过程反思出错的可能原因。

步骤二:教师播放视频中未播的片段,让学生完整了解"Turning Point"这个小短片的故事始末,体会短篇的主题意义,布置作业要求学生写一段话来总结自己的感受或从短片中学到了什么。

5. 结　语

在计算机多媒体技术和网络技术积极介入英语教学的背景下,将多模态理论应用于英语听力课堂有助于教师在教学中积极整合先进技术,合理安排教学资源,从而提高教学效率。对学生来说,多模态教学模式能促使其积极调动各种感官对输入的信息进行加工、贮存和输出,能促进听、说、读、写等多种语言技能的内化。

参考文献

BRETT P, 1997. A Comparative Study of the Effects of the Use of Multimedia on Listening Comprehension[J]. System, 25(1):39-53.

O' HALLORAN, KAY L, 2008. "Inter-Semiotic Expansion of Experiential Meaning: Hierarchical Scales and Metaphor in Mathematics Discourse." From Language to Multimodality: New Developments in the Study of

Ideational Meaning. eds. Jones, Carys & Eija Ventola[M]. London: Equinox.
RICHARDS J, 2002. The Language and Teaching Matrix[M]. Cambridge: Cambridge University Press.
WILSON J J, 2008. How to Teach Listening[M]. New Jersey: Pearson Education.
顾曰国, 2007. 多媒体、多模态学习剖析[J]. 外语电化教学(4):3-12.
章岚, 2017. 多模态条件下英语听力教学探析[J]. 教学与管理(10):76-78.
谢竞贤, 董剑桥, 2010. 论多媒体与多模态条件下的大学英语听力教学[J]. 外语电化教学(11):9-13.
徐艳丽, 2013. 多模态视域下大学英语听力教学模式的构建[J]. 黑龙江高教研究(11):168-170.
张德禄, 2009. 多模态话语理论与媒体技术在外语教学中的应用[J]. 外语教学(4):15-20.

基于语料库的泰语词素“nak^{4}”与“p^{h}uː^{3}”的比较分析

张胜男①

摘　要:泰语中用于表“人”的词素众多,例如“k^{h}on^{1}”“nak^{4}”“p^{h}uː^{3}”和“c^{h}aːw^{1}”等,但各词素间的独立自由程度不同,一些词素能够独立存在,无须依附其他词根或词素,即自由词素,比如“k^{h}on^{1}”。而另一些词素无法独立存在,必须依附其他词根或词素方能成词,即黏着词素,比如“nak^{4}”和“p^{h}uː^{3}”。本文对黏着词素“nak^{4}”与“p^{h}uː^{3}”进行了语料库的对比分析,选取原因主要在于两者能与部分相同的自由词素组合成词,从而出现结构上的重叠,譬如“nak^{4}riːan^{1}”“p^{h}uː^{3}riːan^{1}”“nak^{4}k^{h}ian^{5}”和“p^{h}uː^{3}k^{h}ian^{5}”。这一结构上的重叠,往往容易使泰语学习者混淆。学者们通常借助语义来区分两者。本文将运用语料库对“nak^{4}”与“p^{h}uː^{3}”的结构、搭配以及词频等方面进行分析,通过相关数据表明两者间的不同之处。

关键词:语料库;词素;“nak^{4}”;“p^{h}uː^{3}”

1. 引　言

语料库是一种新型的语言学研究资源,可以利用多种检索方式对语言进行更为精确的描述及分析。1959 年 Quirk 建立的“英语语用调查”(the Survey of English Usage)语料库,开启了语料库语言学的大幕。之后随着许多机读语料库和语音语料库的建立、形成及发展,加之技术革新和索引软件的研发,使得语料库成为分析词汇、句法和语义等的又一途径。

语料库研究的优势在于运用统计学相关理论对研究对象进行分析。人们能够通过不同的检索要求获得不同的匹配数据,更具精准性和科学性。此外,语料库分析更具普遍性,能够承载大量的数据,并将语言的出现频率、搭配结构及运用类型等方面数据化,使研究对象的特点更为直观,语料库其实可以看作早期大数据研究的雏形。

运用语料库进行词汇分析研究,目前被广泛接受的理论方法是 Nation(1990)提出的词

---

① 张胜男,云南大学外国语学院讲师。研究方向:语言学与泰语教学。

汇知识分类，其中包括词形（口语形式和书面形式）、所处位置（语法句型和搭配形式）、语用功能（词频和适当性）及语义（语义和词联想）。

2. 词素“nak^4”与“p^{h}uː^3”的研究概况

词素类型分为自由词素（free morpheme）和黏着词素（bound morpheme）。自由词素能够独立存在无须依附其他词根或词素，黏着词素无法独立存在，必须依附其他词根或词素。词素类型往往决定了词汇的构词方法。学者们对词素类型的界定不同，从而对词汇的构词方法产生了不同的看法。例如“nak^4”和“p^{h}uː^3”的词素类型界定决定其所构之词的构词方法，若被界定为黏着词素，其构成的词汇被视为是复杂词（complex words），反之则为复合词（compounds）。有些学者甚至并未明确说明如何对词素类型进行划分。

upakisinlapasaan（1922）将所有非单音节构成的词统称为复合词，例如“naŋ^5 sɯː^5”“c^{h}aːw^1 waːŋ^1”等。Kamchai Tonglo（2002）对复合词的定义与前者相似，认为复合词是由两个以上的单音节词构成，并且提出复合词可以由来自不同语言的借词构成。这主要源于泰语中存在着大量的外来词（巴利语、梵语及高棉语等），所以现今使用的泰语复合词可以有以下几种构成方式：“泰语 + 泰语”“泰语 + 梵语”“泰语 + 巴利语”“泰语 + 高棉语”“巴利语 + 高棉语”和“巴利语 + 梵语”。可以看出以上两位学者并未从词素类型方面进行界定，而是以音节数量来区分。由“nak^4”或“p^{h}uː^3”构成的词都非单音节词，因此都被看作是复合词。

Amara Prasithirathsint（1982）则持不同意见，认为区分复杂词和复合词取决于以下几个方面：①词中各部分是否是自由词素；②构词部分是否是该词的中心词素；③词义能否从各构词部分预测出来。根据以上几个方面的分析，由“nak^4”和“p^{h}uː^3”构成的词都被视为复杂词。此外 Amara Prasithirathsint 还指出“nak^4”与“p^{h}uː^3”虽都为黏着语素，但“p^{h}uː^3”相较“nak^4”来说，依附其他语素的程度相对要低，这也给语素类型界定带来了困难。

Noss（1964）在 *Thai Reference Grammar* 一书中，也对词的结构进行了分析，将词中的语素分为主要部分和修饰部分，例如“k^{h}on^1”“p^{h}uː^3”“c^{h}aŋ^3”和“caw^3”在向心复合词（endocentric compounds）中就被视为主要部分，即该词素是整个词语含义的主要所在，其余部分则起着修饰作用。换言之，词语的含义主要来自某一词素，那么该词素就是主要部分，并且通常作为自由词素存在。然而有些研究者并未对词素类型加以细分，主要通过词素所在位置进行分析。譬如 Kommara Naakhasiri 就词素“k^{h}on^1”与“nak^4”在词中的位置及含义进行过对比分析，却并未涉及词素类型。

通过文献回顾发现“nak^4”与“p^{h}uː^3”的词素类型没有统一的定论，分析侧重点各异，导致由其所构成的词汇类型也界定不一。特别是关于词素“nak^4”与“p^{h}uː^3”两者如何区分、如何使用、如何界定以及成词后的内部结构研究都存在缺口。如何解释“nak^4”与“p^{h}uː^3”在结构上的重叠现象，即有时能与部分相同词素组合成词，是分析“nak^4”与“p^{h}uː^3”的词素类型的关键点，也是本文力求通过语料库分析所探究的重点。

3. 研究目的

通过语料库对由词素“nak^{4}”与“p^{h}uː^{3}”所构词语的内部结构进行全方位比较分析，尤其是对两者出现构词重叠的现象进行深入研究，借此希望研究结果能有益于泰语词汇的分析及教学。

4. 研究方法及资料检索方式

“nak^{4}”与“p^{h}uː^{3}”的语料主要来自泰国国家语料库 TNC，该语料库由泰国朱拉隆功大学所建，收集语料为泰国标准语，收录了来自科学、体育、报纸及学术等方面大约 8 000 万个词汇。

“nak^{4}”与“p^{h}uː^{3}”的搭配部分是本文的研究重点，由于泰语构词方法为定语后置，其搭配部分通常置于“nak^{4}”与“p^{h}uː^{3}”的后面，即“nak^{4}” + X 或“p^{h}uː^{3}” + X。

第一种检索方式，首先输入“p^{h}uː^{3}” * 或“nak^{4}” *（星号“ * ”代表出现在“nak^{4}”或“p^{h}uː^{3}”之后的搭配部分），其次规定词频出现率不少于 5 次。由此可以得到第一组数据：“nak^{4}”在 TNC 语料库中出现的总次数（frequency token）为 24 119 次。由于泰语没有标点符号分隔，有时“nak^{4}”后出现的语料并不能搭配成词，因此需要将该组数据进行筛选，加之排除重复出现的相同词汇，最终得到由“nak^{4}”构成的词汇（frequency type）总共有 62 个，例如“nak^{4}riːan^{1}”“nak^{4} sɯk^{2}saa^{5}”“nak^{4} kaan^{1} mːaŋ^{1}”等，词频按由多到少依次排序。以相同的检索方式收集“p^{h}uː^{3}”的搭配部分，“p^{h}uː^{3}”在 TNC 语料库中出现的总次数（frequency token）为 116 029 次，数据筛选后最终得到由“p^{h}uː^{3}”构成的词汇（frequency type）总共有 76 个，例如“p^{h}uː^{3}jiŋ^{5}”“p^{h}uː^{3}c^{h}aːj^{1}”“p^{h}uː^{3}nam^{1}”“p^{h}uː^{3}jaj^{2}”等，词频同样按由多到少依次排序。

第二种检索方式，输入“nak^{4}”或“p^{h}uː^{3}”后，选择向右搭配 1（collocate R1），即限定搭配部分处于检索词的右方且搭配数量为 1。此检索方式不同于第一种检索方式，“ * ”代表 X，即“nak^{4}” + X 或“p^{h}uː^{3}” + X，X 代表任何语料且不限定数量，简而言之，X = n，而第二种检索方式表明 X 只能出现在“p^{h}uː^{3}”或“nak^{4}”的右方，且 X 的数量只能为 1，即 X = 1。在词义筛选方面要求词中语素“nak^{4}”和“p^{h}uː^{3}”的含义表“人”，最终得到第二组数据，由“nak^{4}”所构成的词汇有 39 个，由“p^{h}uː^{3}”所构成的词汇有 70 个。两组数据合并后，由“nak^{4}”所构成的词汇共有 101 个，由“p^{h}uː^{3}”所构成的词汇共有 146 个，这 247 个词即为本文的分析样本。

5. 分析方法

5.1 数据对比

前后两组数据对比发现，词素“$p^hu\text{ː}^3$”的词频几乎是“nak^4”的四倍，由“$p^hu\text{ː}^3$”或“nak^4”构成的词汇也大不相同，尤其是词频出现率高的词汇。根据样本分析可以看出，与“nak^4”和“$p^hu\text{ː}^3$”搭配的部分大都为自由词素，即可以独立成词，但一般能与“nak^4”搭配的词通常不能与“$p^hu\text{ː}^3$”进行搭配，能够同时与“nak^4”和“$p^hu\text{ː}^3$”搭配的词，数量较少且词频出现率不尽相同，例如“$ri\text{ː}an^1$”同时能与“nak^4”和“$p^hu\text{ː}^3$”进行搭配，但“$nak^4ri\text{ː}an^1$”的词频高于“$p^hu\text{ː}^3ri\text{ː}an^1$”(6 905 次:417 次)，“$nak^4lo\eta^1t^hun^1$”的词频也高于“$p^hu\text{ː}^3lo\eta^1t^hun^1$”(817 次:117 次)等。由此可见在横向对比中，与“nak^4”搭配的词通常词频较高，在纵向对比中，“nak^4+X_{same}”在“nak^4+X”的词频排序中处于靠前位置，而“$p^hu\text{ː}^3+X_{same}$”在“$p^hu\text{ː}^3+X$”的词频排序中处于靠后位置。

从整体数据来看能与“nak^4”和“$p^hu\text{ː}^3$”搭配的词，通常词性不一，如何判断该词的词性，有利于区分“nak^4”和“$p^hu\text{ː}^3$”的用法，例如“$p^hu\text{ː}^3$”更倾向与哪类词搭配，而为什么“nak^4”却大相径庭。因此，搭配部分的词性或类型将通过以下两项理论规则进行分析和判断。

5.2 两项理论规则

1)语义合成性(Compositional meaning)

词汇的整体词义能够通过其组成部分预测出来，例如词汇由 A+B 组成，其词义为 AB，如若词义并非来自其组成部分，出现语义扩大、语义缩小或语义转化等情况，即不能视为语义合成。

2)动词生产力(Productivity of the verb)

当与“nak^4”和“$p^hu\text{ː}^3$”搭配的词汇词性为动词时，将测试该动词的生产力，生产力(productivity)主要是指能否与其他词汇进行搭配，并不断衍生成新用法或词汇组合的能力。

以上两项原则主要用于判断搭配部分是否出现词汇化(lexicalizaiton)现象。词汇化是指词汇在语言发展过程中由复杂的结构逐渐演变为更为简单的结构，最终成为一个词的过程(Brinton & Traugott, 2005)，例如英语中 god be with you 在词汇化的过程中，最后形成独立运用的 goodbye。根据以上理论原则将样本词汇进行分析，分析顺序从整体部分到搭配部分。

首先，整体部分分析是指将包括“nak^4”和“$p^hu\text{ː}^3$”在内的整体词汇(total elements)进行测试，如若以上两项任意一项未通过，该词将会被视为发生整体词汇化现象(total lexicalization)，成为一个独立且无法分割的新词汇。若整体词汇同时通过以上两项原则，那么将对该词的搭配部分(post-elements)进行测试。

其次,搭配部分分析是指除去“nak⁴”和“pʰuː³”后的部分。根据样本词汇可将搭配部分的内部结构分为三种:第一种是名词短语;第二种是动词+名词形式,当结构出现动词+X时,将进行两项原则测试,如若以上两项任意一项未通过,该结构将被视为发生部分词汇化现象(partial lexicalization),或称其为宾语合并(object incorporation)现象①。如若同时通过两项原则,那么该结构将被判定成真正的动宾结构。第三种是动词单独形式,将被视为不及物动词或及物动词省略宾语的情况,如图1所示。

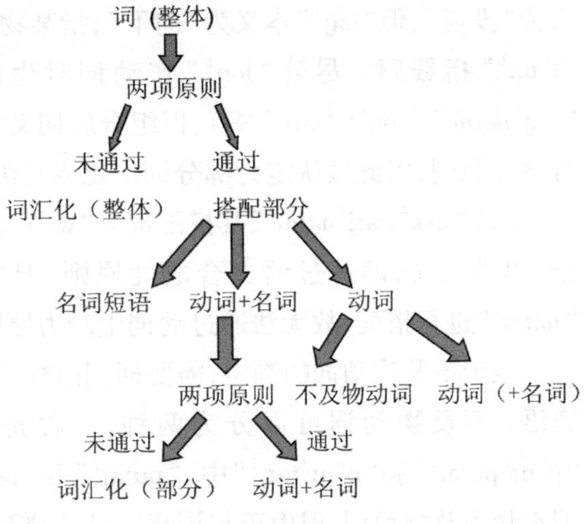

图1

举例分析:

(1)“nak⁴leŋ¹”和“nak⁴kaːn¹”其整体词义无法从各组成部分预测出来,故无法通过语义合成性原则,搭配部分“leŋ¹”出现词频极低,搭配组合率不高,故无法通过动词生产力原则。因此,认定为整体词汇化,各组成部分无法分隔。

(2)“pʰuː³jaj²”和“pʰuː³nɔːj⁴”整体词义分别是“长辈”和“晚辈”,而其组成部分“jaj²”表意“大”(体积方面),“nɔː j⁴”表意为“少”(数量方面),可以看出整体词汇的含义在一定程度上发生转化,故无法通过语义合成性原则,从而被认定为整体词汇化。

搭配部分若有动词出现,那么分析情况较为复杂,通常出现三种形式:仅有动词、动词(+宾语)和动词+宾语,仅有动词还可细分为不及物动词(不能搭配宾语)或宾语合并(将动词和宾语看作一个整体,故归为动词结构),如图2所示。

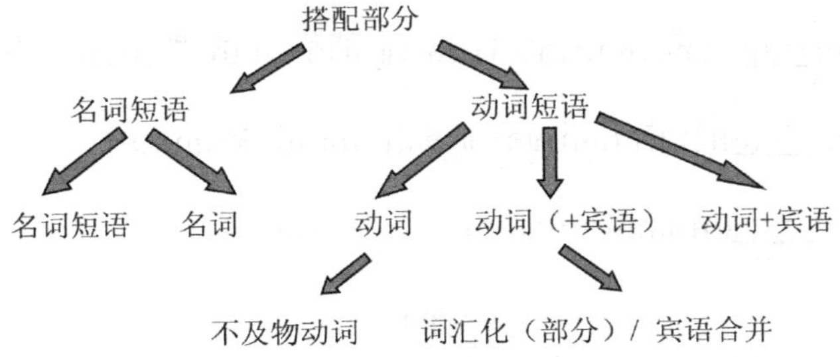

图2

举例分析:

---

① 宾语合并是指当及物动词(transitive)的动词功能化减弱时,其宾语或论元(argument)将演变成词汇中的附着成分(attached/incorporated element),动宾结构整体上发生变化(Payne, 2006)。

（1）“nak^{4}loŋ^{1}t^{h}un^{1}”和“p^{h}uː^{3}loŋ^{1}t^{h}un^{1}”其搭配部分“loŋ^{1}t^{h}un^{1}”结构为动词＋名词，其词义为“投资”，但“loŋ^{1}”本义为“向下”，指某物从某一个地方到达另一个地方，附有方向性，而“t^{h}un^{1}”指钱财。尽管“loŋ^{1}”作动词时生产力较高，能与其他词汇搭配（“loŋ^{1} mɯːː^{1}”“loŋ^{1}naːm^{4}”“loŋ^{1}ta^{2}laːt^{2}”等），但组合后词义发生一定程度的转化，特指性更强，不符合词义合成性原则，因此被认定为部分词汇化或宾语合成现象。

（2）“nak^{4}waːj^{3}naːm^{4}”其搭配部分“waːj^{3}naːm^{4}”结构为动词＋名词，其词义为“游泳”，符合 AB 式含义，即通过语义合成性原则，但“waːj^{3}”作动词时生产力极低，基本上只能与“naːm^{4}”进行搭配，故无法通过动词生产力原则，同样被认定为部分词汇化或宾语合成现象。

至于不及物动词的判定，需要回到语料库当中分析具体实例，从而判断此动词能否搭配宾语。不及物动词可以分为两种，一种是本身就是不及物动词无法搭配宾语，例如“p^{h}uː^{3}puːaj^{2}”和“p^{h}uː^{3}taːj^{1}”中，“puːaj^{2}”和“taːj”为不及物动词不能搭配宾语。另一种是动词本身为及物动词，但由于与词素“nak^{4}”搭配成词后，整体被名词化，导致其转变成不及物动词，如图 3“riːan^{1}”，本身是及物动词（下划线部分），必须要有宾语紧随其后（方框部分）。但在图 4“nak^{4}riːan^{1}”中整个词词性为名词（下划线部分），因“riːan^{1}”被名词化，其内部词性失去及物动词属性（方框部分）。

“riːan^{1}”

- ....ตอนเด็ก ๆ เธอ เรียน หนังสือที่โรงเรียนประถมของ สปช. จนถึงชั้น ป. 5

-การรับทรัพย์โดยมีเงื่อนไขว่าต้อง เรียน วิชานิติศาสตร์ เป็นต้น

图 3

“nak^{4}riːan^{1}”

“nak^{4} ri:an^{1}”

-.....นัก เรียน ตั้งแต่เสื้อผ้า เครื่องเรียน ไปจนถึงการสวมรองเท้า

-.....นัก เรียน จะต้องสวมรองเท้า และเขาก็ได้สวมมันเป็นครั้งแรกในชีวิต

-.....นัก เรียน ที่โรงเรียนเก่าของเขาก็เดินตีนเปล่ากันทุกคน

-.....นัก เรียน แพทย์ที่ชำแหละศพที่โต๊ะ 11 ด้วยกัน

图 4

虽然图 4 最后一个例句中“nak^{4} riːan^{1}”右边为名词，但其内部结构中的“riːan^{1}”与“riːan^{1}”作及物动词时截然不同，图 3 结构为“riːan^{1}”$_{v}$ ＋名词，而图 4 结构为（“nak^{4}”＋“riːan^{1}”）$_{N}$＋ 名词。从结构上看，还能以另一种方式进行判定，泰语中的定语需后置，通常用于修饰名词。因此，可在其组成部分中插入内容进行检测，从而推断出组成部分的紧密度。例如：

1）* riːan^{1} t^{h}iː^{3}sɯk^{2}saa^{5} p^{h}aː^{1}saː^{1}saːt^{2}

动词 添加定语 名词

学习 研究的 语言学

2）nak^{4}riːan^{1} t^{h}iː^{3}sɯk^{2}saa^{5} p^{h}aː^{1}saː^{1}saːt^{2}

[黏着语素 + 动词]

名词化 添加定语 名词

学生 研究的 语言学（研究语言学的学生。）

3）* nak^{4} t^{h}iː^{3} riːan^{1} p^{h}aː^{1}saː^{1}saːt^{2}

[黏着语素] 添加定语 及物动词 名词

人 的 学习 语言学

例句 1 和 3 都违背了泰语语法规则，首先例句 1 中“riːan^{1}”为及物动词，需要名词作其宾语，添加的定语无法修饰动词。其次例句 3 中“nak^{4}”在前文中提到是黏着度极高的语素，必须依附其他词素存在，在“nak^{4}”和“riːan^{1}”之间插入引导定语“t^{h}iː^{3}”，使其无处依附。例句 2 符合语法规则，因为“riːan^{1}”遇到“nak^{4}”后整体被名词化，添加的定语可以作为其修饰部分。

然而“p^{h}uː^{3}”却不同于“nak^{4}”，当词素“p^{h}uː^{3}”与动词搭配成词时，“riːan^{1}”仍保有其及物动词的属性，这种情况可以回到原文当中进行判断和检测，如图 5“p^{h}uː^{3}riːan^{1}”虽然同样被名词化（下划线部分），但及物动词属性未受影响，其后大都紧跟名词（方框部分）。

-ในการพูดอย่างเป็นทางการ จึงไม่แนะนำ ผู้เรียน ภาษาอังกฤษ เป็นภาษาต่างประเทศใช้เป็นเกณฑ์ในการฝึกออกเสียง

“p^{h}uː^{3}riːan^{1}”

-ก่อนที่จะพูดถึงต่อไปนี้เป็นลักการทั่วไป ผู้เรียน วิชาสัทศาสตร์ และผู้วิจัยทางด้านเสียงควรทราบ

图 5

由原文实例可以看出，与词素“p^{h}uː^{3}”搭配成词时，其结构应为“p^{h}uː^{3}” +（“riːan^{1}” + 名词），同样以插入成分方式来检测，例句 4 和 5 都符合语法规则。尤其是例句 6 中，“t^{h}iː^{3}”插入“p^{h}uː^{3}”和“riːan^{1}”之间时，句子仍符合语法规则，表明了“p^{h}uː^{3}”的黏着度较低，有时可以视为自由语素，这也是动词“riːan^{1}”在被名词化后，仍保有其及物动词属性的缘故。因此，该动词可以先与名词构成动宾短语，再通过与“t^{h}iː^{3}”的结合转换成修饰“p^{h}uː^{3}”的定语成分。

4）p^{h}uː^{3}riːan^{1} t^{h}iː^{3}sɯk^{2}saa^{5}p^{h}aː^{1}saː^{1}saːt^{2}

[黏着语素 + 动词]

名词化 添加定语 名词

学习的人 研究 语言学（研究语言学的学者。）

5）p^{h}uː^{3} t^{h}iː^{3} riːan^{1} p^{h}aː^{1}saː^{1}saːt^{2}

[黏着语素] 添加定语 及物动词 名词

人 研究 语言学（学习语言学的人。）

因此,“$p^hu{:}^3$”与“nak^4”虽然同时需要依附其他词素存在,但两者之间的依附程度不同,“$p^hu{:}^3$”的依附程度较弱,有时可以趋向于自由词素,所以在动词名词化的过程中,与“$p^hu{:}^3$”搭配的动词仍保有其原有属性,而与“nak^4”搭配的动词将会从及物动词变成不及物动词。学者们通常运用语义区分“nak^4”与“$p^hu{:}^3$”,尤其是在他们与同样词汇进行搭配时,语义成了主要的判断依据,但语义上的不同不足以区分两者的内部结构,通过语料库的分析可以看出表层结构形式(surface structure)相同的词,其深层结构未必相同。如图 6 所示。

及物动词

↙ ↘

“nak^4” + V　　　“$p^hu{:}^3$” + V

(nak^4 + [− tran]) + X　　$p^hu{:}^3$ + ([+ tran] + X)

图 6

6. 数据分析结果

通过以上分析方法,宏观上将“nak^4”与“$p^hu{:}^3$”出现的情况分为“nak^4”或“$p^hu{:}^3$” + 名词短语或动词短语及整体成词的情况。每类所占比例不同,在与“nak^4”搭配的 101 个词中,名词搭配有 57 个,动词搭配有 42 个,剩下 2 个为整体词汇化。而与“$p^hu{:}^3$”搭配的 146 个词中,名词搭配仅有 4 个,动词搭配有 137 个,整体词汇化有 5 个(词表详见附录)。由此可见,“nak^4”与动词和名词的搭配比例接近(56.4%∶41.6%),而“$p^hu{:}^3$”更倾向与动词搭配(93.9%),从比例上看“$p^hu{:}^3$”与动词搭配的情况是与名词搭配的 30 倍,如表 1 所示。

表 1

	名　词	动　词	词汇化(整体)	总　数
nak^4	57	42	2	101
比例/%	56.4	41.6	2	100
$p^hu{:}^3$	4	137	5	146
比例/%	2.7	93.9	3.4	100

7. 结　论

以上分析表明,“$p^hu{:}^3$”与“nak^4”虽然同为黏着语素,需要依附其他词素存在,但两者之间的依附程度不同,“$p^hu{:}^3$”的依附程度较弱,有时更趋向于自由词素。所以在动词名词化的过程中,与“$p^hu{:}^3$”搭配的动词仍保有其原有属性,而与“nak^4”搭配的动词将会从及物动词转变成不及物动词。

本研究是基于语料库分析展开，使语言从抽象化到具体化，在宏观方面能够通过直观数据表明两者之间的异同，在微观方面可以通过语料实例解析内部结构。因此，基于语料库的语言学研究更具客观性、普遍性及精准性。

附录：

nak^5 +名词		นักการเมือง นักวิชาการ นักกีฬา นักวิทยาศาสตร์ นักธุรกิจ นักโทษ นักข่าว นักจิตวิทยา นักพรต นักกฎหมาย นักปราชญ์ นักทฤษฎี นักมวย นักดาราศาสตร์ นักบุญ นักหนังสือพิมพ์ นักปราชญา นักฟุตบอล นักโบราณคด นักการทูต นักฟิสิกส์ นักชีววิทยา นักธรณีวิทยา นักคณิตศาสตร์ นักธรรม นักเคมี นักมานุษยวิทยา นักโทษเด็ดขาด นักภาษาศาสตร์ นักพยาธิวิทยา นักทัศนาจร นักคอมพิวเตอร์ นักมานุษยวิทยา นักนิติศาส นักปักษีวิทยา นักมายากล นักสังคมสงเคราะห์ นักคริคเก็ต นักกรีฑา นักกีฏวิทยา นักมวยปล้ำ นักเทนนิส นักกายภาพบำบัด นักเศรษฐศาสตร์ นักสังคมวิทยา นักบาส นักจิตบำบัด นักสื่อสารมวลชน นักกอล์ฟ นักลีลาศ นักอาชญาวิทยา นักดนตรี นักรัฐศาสตร์ นักวาทศิลป์ นักเอกภพวิทยา นักกายกรรม นักพยากรณ์
nak^5 +动词	不及物动词	นักเรียน นักศึกษา นักท่องเที่ยว นักเขียน นักรบ นักคิด นักบวช นักวิ่ง นักชก นักปกครอง
	及物动词（+宾语）	นักวิจัย นักร้อง นักแสดง นักเตะ นักสืบ นักบิน นักบริหาร นักสู้ นักสวด นักพัฒนา นักเทศน์ นักประพันธ์ นักยิง นักสำรวจ นักหวด นักวิพากษ์ นักปั่น นักวิจารณ์ นักออกแบบ นักอนุรักษ์
	及物动词+宾语	นักเล่น นักถ่าย นักเล่น นักแต่ง
	宾语合并	นักลงทุน นักว่ายน้ำ นักประดาน้ำ นักผจญภัย นักดำน้ำ นักแนะแนว นักเก็งกำไร
词汇化		นักเลง นักการ
$p^hu\!:^3$ +名词		ผู้หญิง ผู้ชาย ผู้รักษาการ ผู้กอง
$p^hu\!:^3$ +动词	不及物动词	ผู้ป่วย ผู้ตาย ผู้เยาว์ ผู้เฒ่า ผู้เสียหาย ผู้ร้าย ผู้ดี ผู้เกี่ยวข้อง ผู้อพยพ ผู้ต้องขัง ผู้เดินทาง ผู้วิเศษ ผู้วายชนม์ ผู้ล่วงลับ ผู้ต่ำ ศักดิ์ ผู้ยากไร้ ผู้อาวุโส ผู้รอบรู้ ผู้มั่งคั่ง ผู้บุกรุก ผู้ชุมนุม ผู้บาดเจ็บ ผู้อาภัพ ผู้พิการ
	及物动词（+宾语）	ผู้นำ ผู้เขียน ผู้แทน ผู้อำ นวยการ ผู้บริหาร ผู้ปกครอง ผู้จัดการ ผู้ใช้ ผู้บริโภค ผู้ผลิต ผู้ช่วย ผู้ฟัง ผู้แต่ง ผู้ประกอบการ ผู้บังคับบัญชา ผู้ชม ผู้ว่า ผู้ต้องหา ผู้ชำ ผู้กำกับ ผู้แสดง ผู้บัญชาการ ผู้ส่งออก ผู้ขาย ผู้ดูแล ผู้ค้า ผู้สอบ ผู้ปฏิบัติงาน ผู้เล่น ผู้เรียน ผู้ชนะ ผู้สอน นาญการ ผู้รับ ผู้ตัดสิน ผู้แพ้ ผู้ริเริ่ม ผู้รับเหมา ผู้สัมภาษณ์ ผู้ฝึกสอน ผู้อนุบาล ผู้ใช้ ผู้เลี้ยงดู ผู้สั่งซื้อ ผู้ท้าชิง ผู้พิพากษา ผู้ขับขี่ ผู้รักษาการ ผู้บุกเบิก ผู้อนุบาล ผู้พิทักษ์ ผู้ว่าจ้าง ผู้สังเกตการ ผู้ต้องโทษ ผู้วิจัย ผู้อ่าน ผู้เช่า ผู้ก่อตั้ง ผู้ครอบครอง ผู้รับจ้าง ผู้อุปถัมภ์ ผู้ประพันธ์ ผู้กระทำ ผู้นำเข้า ผู้ประเมินผล ผู้กู้ยืม ผู้ครอง ผู้ไกล่เกลี่ย ผู้ขับร้อง ผู้ประกอบ ผู้กู้ ผู้แอบอ้าง ผู้พิชิต ผู้หยั่งรู้ ผู้อุปการะ ผู้ชี้ขาด ผู้อุทธรณ์ ผู้ประท้วง ผู้สวมใส่ ผู้สรรค์สร้าง ผู้คัดค้าน
	及物动词+宾语	ผู้ทรง ผู้ซื่อ ผู้ร่วม ผู้ประสาน ผู้สำ เร็จ ผู้สันทัด ผู้ประสบ ผู้ดำรง ผู้กุม
	宾语合并	ผู้สื่อข่าว ผู้ถือหุ้น ผู้รับผิดชอบ ผู้ก่อการร้าย ผู้ด้อยโอกาส ผู้ลงทุน ผู้ลี้ภัย ผู้ค้ำประกัน ผู้สืบสันดาน ผู้รอดชีวิต ผู้สูงอายุ ผู้คงแก่เรียน ผู้มีอันจะกิน ผู้ครองเรือน ผู้มักน้อย ผู้ยิ่งใหญ่ ผู้ว่างงาน
词汇化		ผู้ใหญ่ ผู้ใหญ่บ้าน ผู้น้อย ผู้รั้ง

参考文献

กำชาย ทองหล่อ(Kamchai Tonglo), 2002. หลักภาษาไทย[M]. กรุงเทพ"ฯ รวมสาส์น.

อมรา ประสิทธิ์รัฐสินธุ์(Amara Prasithirathsint), 1982. คำประสานและคำประสมในภาษาไทย[J]. 20-30.

BRINTON, TRAUGOTT, 2005. Lexicalization and Language Change[M]. Cambridge: Cambridge University Press.

NATION P, 1990. Teaching and learning vocabulary[M]. Boston: Heinle & Heinle.

NOSS RICHARD B, 1964. Thai Reference Grammar[M]. Washington DC: Foreign Service Inst.

THOMAS PAYNE, 2006. Exploring Language Structure A Students Guide[M]. Cambridge: Cambridge University Press.